STEP 2

손으로 생각하는 사고력 수학 시리즈

챌린지 CHALLENGE

연결큐브

조이앤에듀

몬스터매스 챌린지의 활용법

연결큐브를 활용하여 수학의 5대 영역(수와 연산, 도형, 측정, 자료와 가능성, 규칙성)의 내용을 골고루 학습합니다.

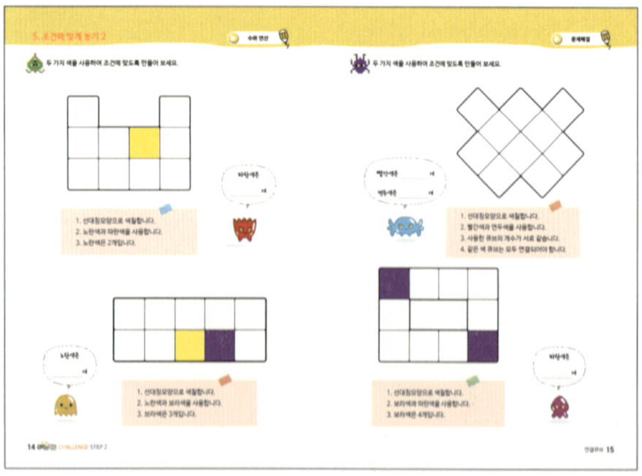

연결큐브의 수학적 의미에 대한 스토리는 아이들에게 흥미를 이끌어내도록 합니다.

아이들의 흥미를 위해 놓아보기( ), 색칠하기( ), 연필로 그려보기( ) 등 다양하게 활동하도록 합니다.

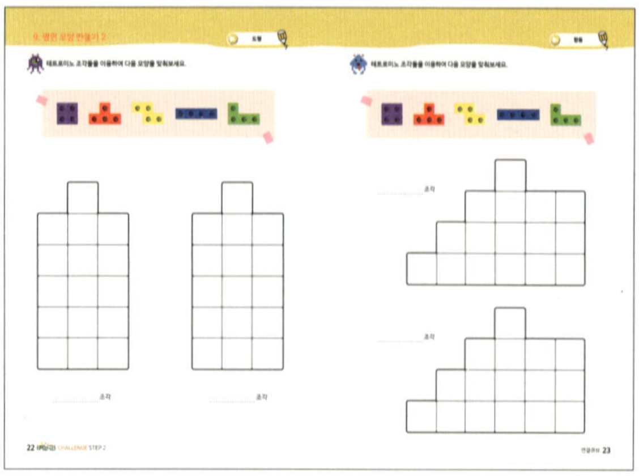

티칭 가이드를 통해 주제에 따른 학습 내용과 지도에 대한 팁을 활용합니다.

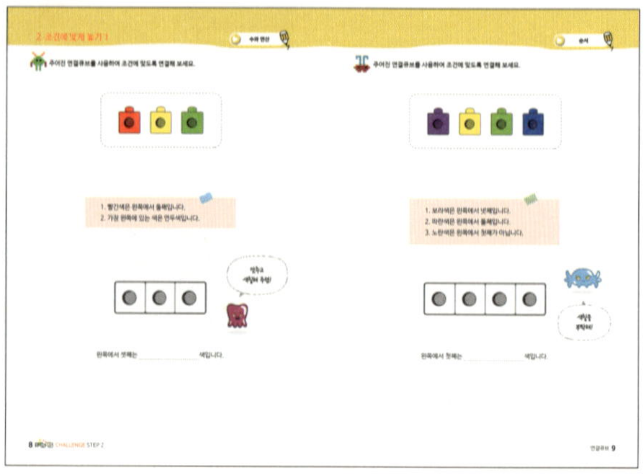

학습효과

1. 수학의 5대 영역에 대하여 폭넓게 익히고, 경험할 수 있습니다.
2. 특히 영재성의 기본인 공간지각력을 키우고, 공간 구조를 익힐 수 있습니다.
3. 어려운 문제를 해결해냄으로써 성취감을 높여줍니다.
4. 문제 해결을 위한 전략적인 사고는 생각하는 힘을 길러줍니다.

CONTENTS

너무 재미있겠다~
빨리 빨리
시작해요~

STORY

연결큐브 스토리

연결큐브는 서로 꽂아서 연결할 수 있는
정육면체 모양의 교구입니다.
연결큐브 조각에는 볼록 튀어 나온 부분이 있어서
상하좌우 어느 방향에서도 연결이 가능하며,
쌓기나무로 만들 수 없는 모양이 가능해요.
또한, 연결하는 방법에 따라
모양 변신도 다양해서
아이들이 아주 흥미 있게 학습할 수 있는 교구에요.

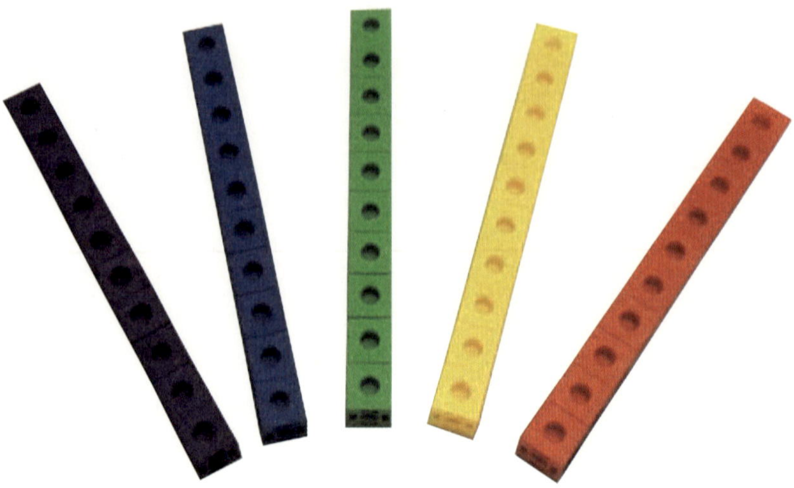

연결큐브는 각 색깔별 10개씩 총 50개로 구성되었습니다.

연결큐브를 활용한 활동에는 어떤 것이 있을까요?

첫째, 큐브를 연결하고 재조립 하면서 다양한 규칙활동이 가능해요.

둘째, 연결큐브의 특징을 살린
입체 모양을 만들 수 있고,
쌓기나무와 달리 공간을 자유롭게 활용할 수 있답니다.

셋째, 위, 앞, 옆에서 보는 입체 활동을 통해서
공간분석능력을 기를 수 있어요.

그럼 이제 재미있는 연결큐브 활동을 하나씩 시작해 볼까요??

공간지각력
도형 및 측정 영역
성취감
생각하는 힘

같은 색을 찾아 올려놓아 보세요.

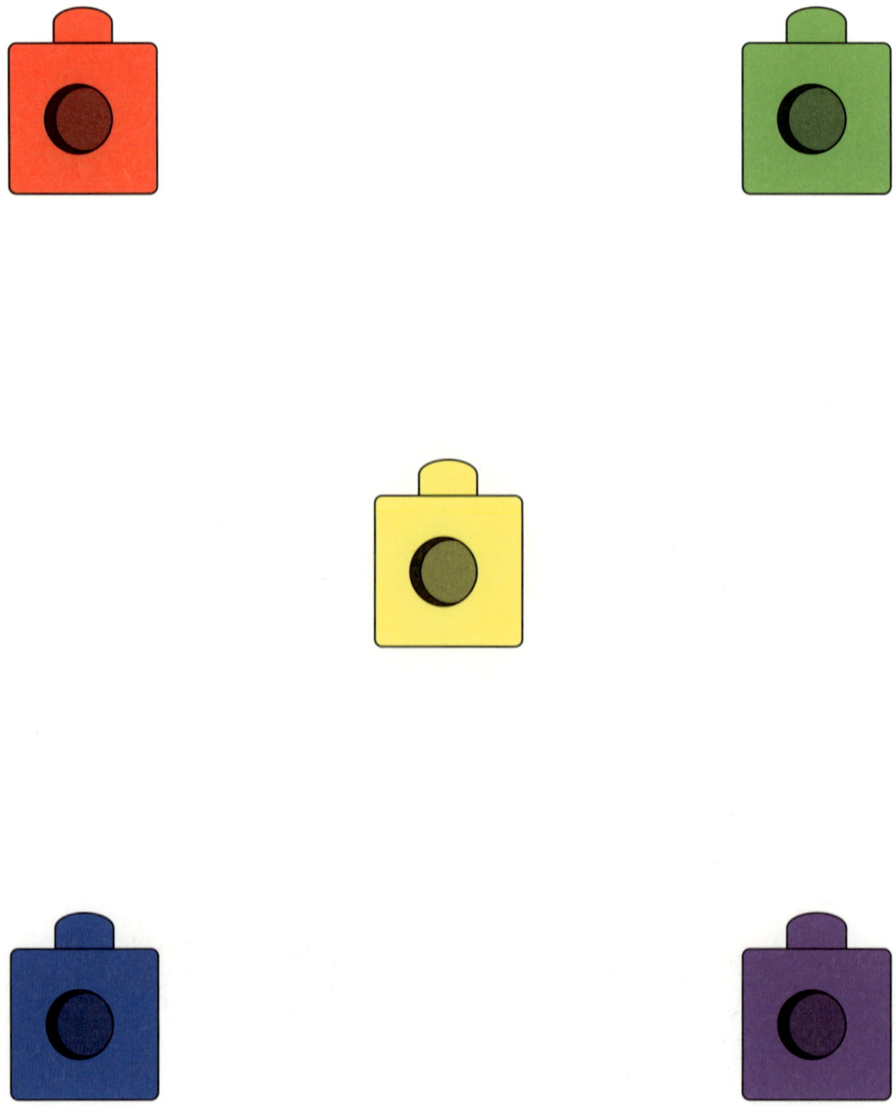

모두 몇 가지 색인가요? ______________ 가지

각 색깔은 몇 개씩인가요? ______________ 개씩

화살표 방향으로 연결큐브를 연결해 보세요.

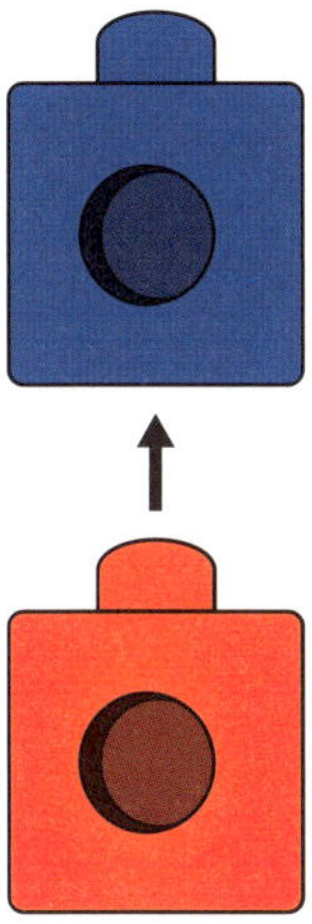

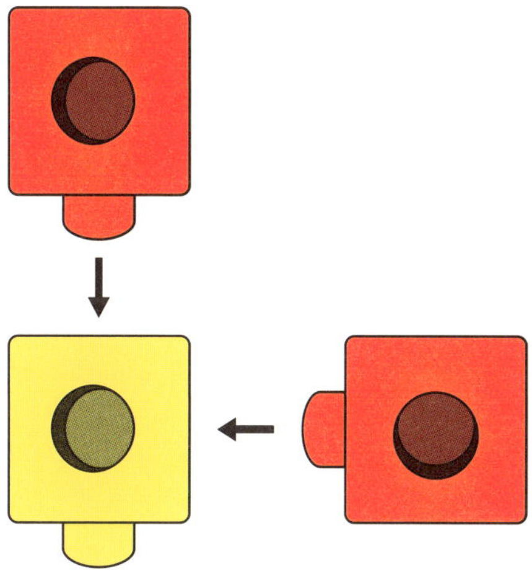

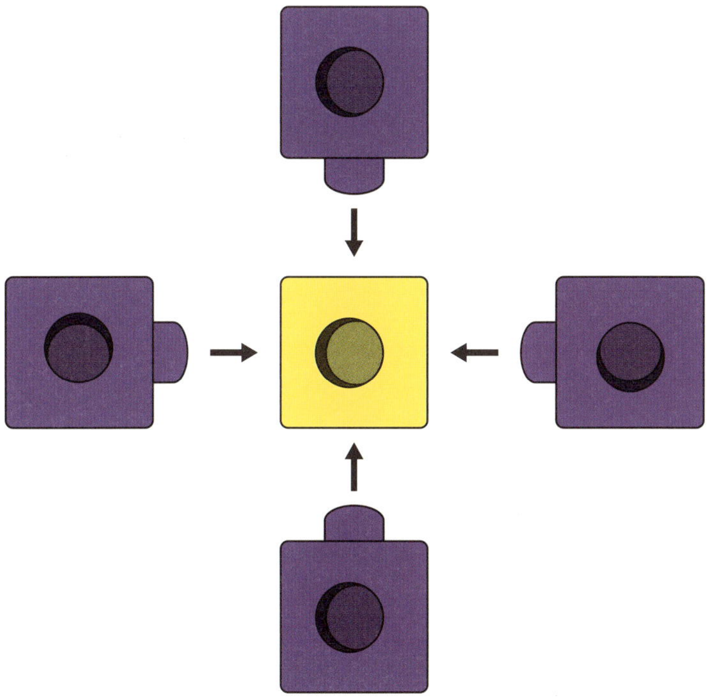

주어진 연결큐브를 사용하여 조건에 맞도록 연결해 보세요.

1. 빨간색은 왼쪽에서 둘째입니다.
2. 가장 왼쪽에 있는 색은 연두색입니다.

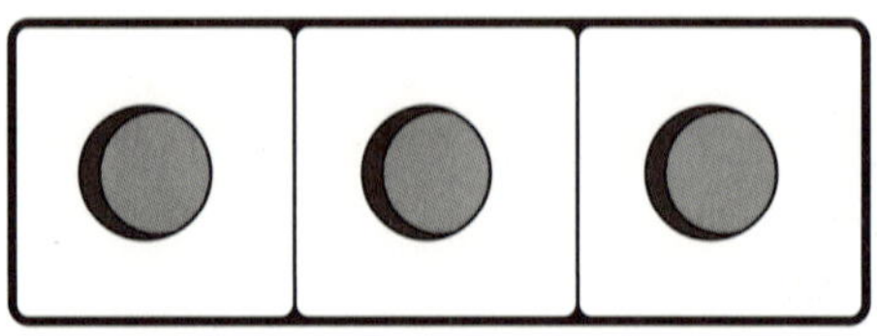

왼쪽에서 셋째는 ________________ 색입니다.

주어진 연결큐브를 사용하여 조건에 맞도록 연결해 보세요.

1. 보라색은 왼쪽에서 넷째입니다.
2. 파란색은 왼쪽에서 둘째입니다.
3. 노란색은 왼쪽에서 첫째가 아닙니다.

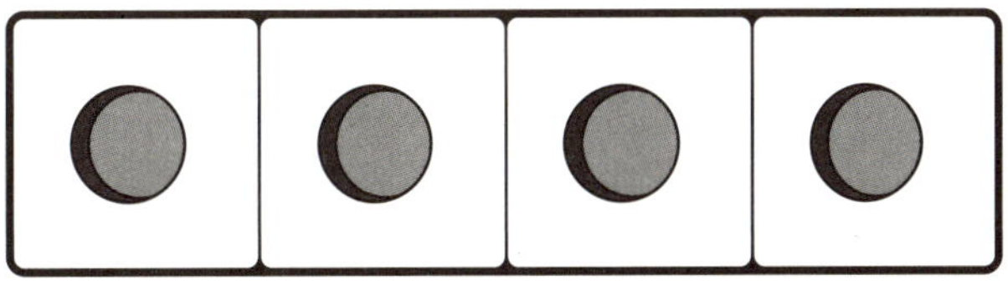

왼쪽에서 첫째는 ______________ 색입니다.

다음과 같이 큐브를 4개 연결한 것을 테트로미노라고 합니다. 테트로미노로 다음 모양을 만들어 보고, 사용한 조각의 개수를 써보세요.

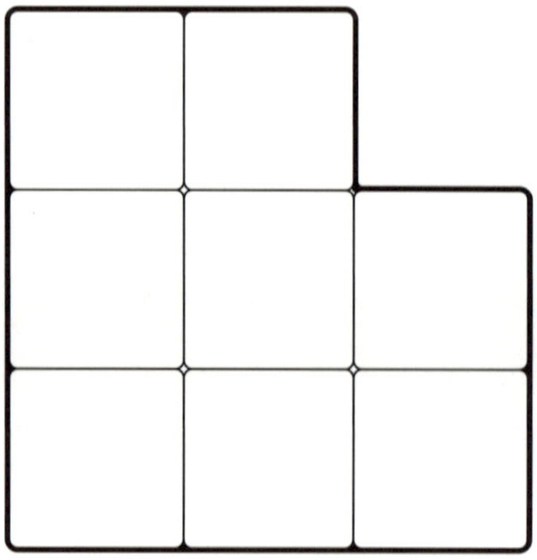

______ 조각

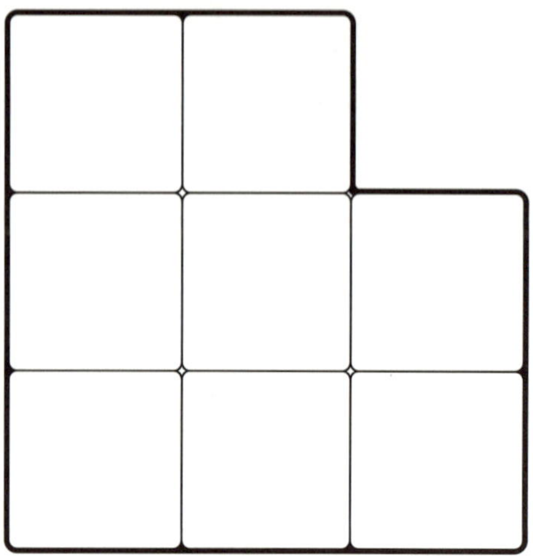

______ 조각

티칭 가이드

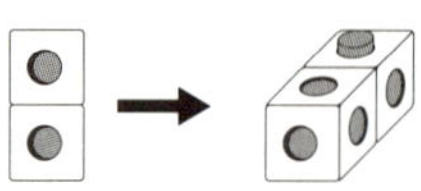

튀어나온 곳을 위로 향하게 하면 모양 맞출 때 수월합니다.

다음과 같이 큐브를 4개 연결한 것을 테트로미노라고 합니다. 테트로미노로 다음 모양을 만들어 보고, 사용한 조각의 개수를 써보세요.

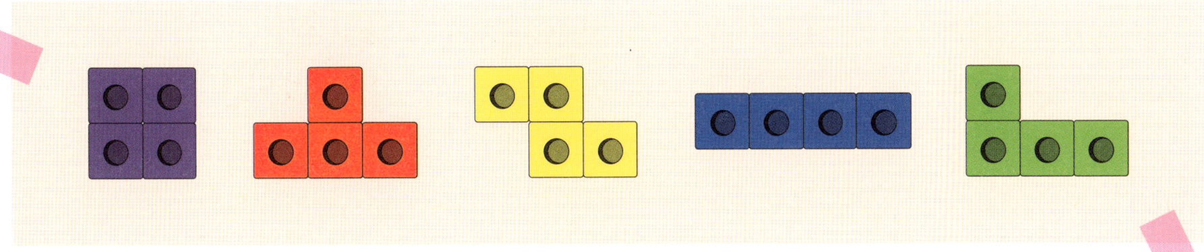

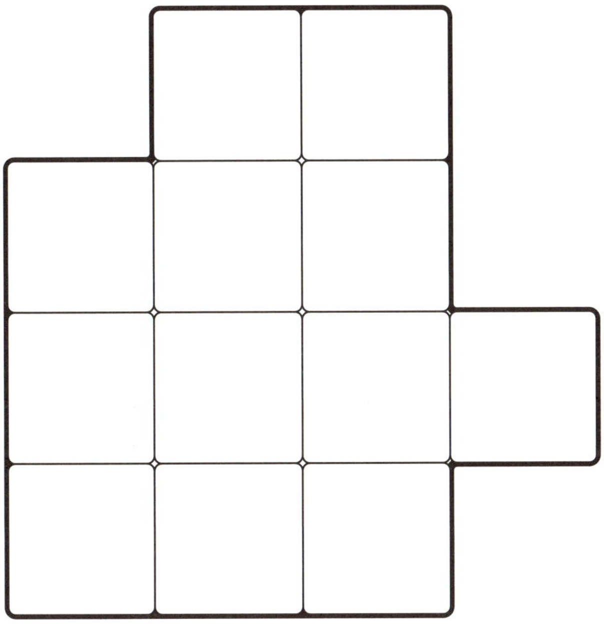

__________ 조각

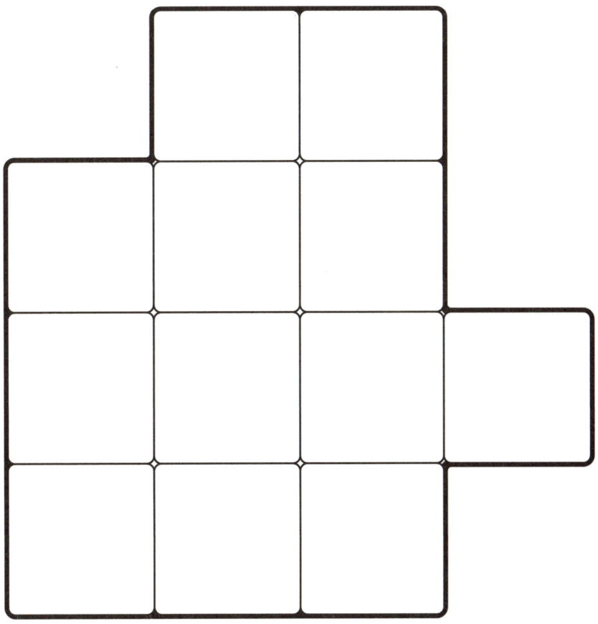

__________ 조각

다음 조각을 두 개씩 만들어서 가운데 선을 중심으로 선대칭 모양을 만들어 보세요.

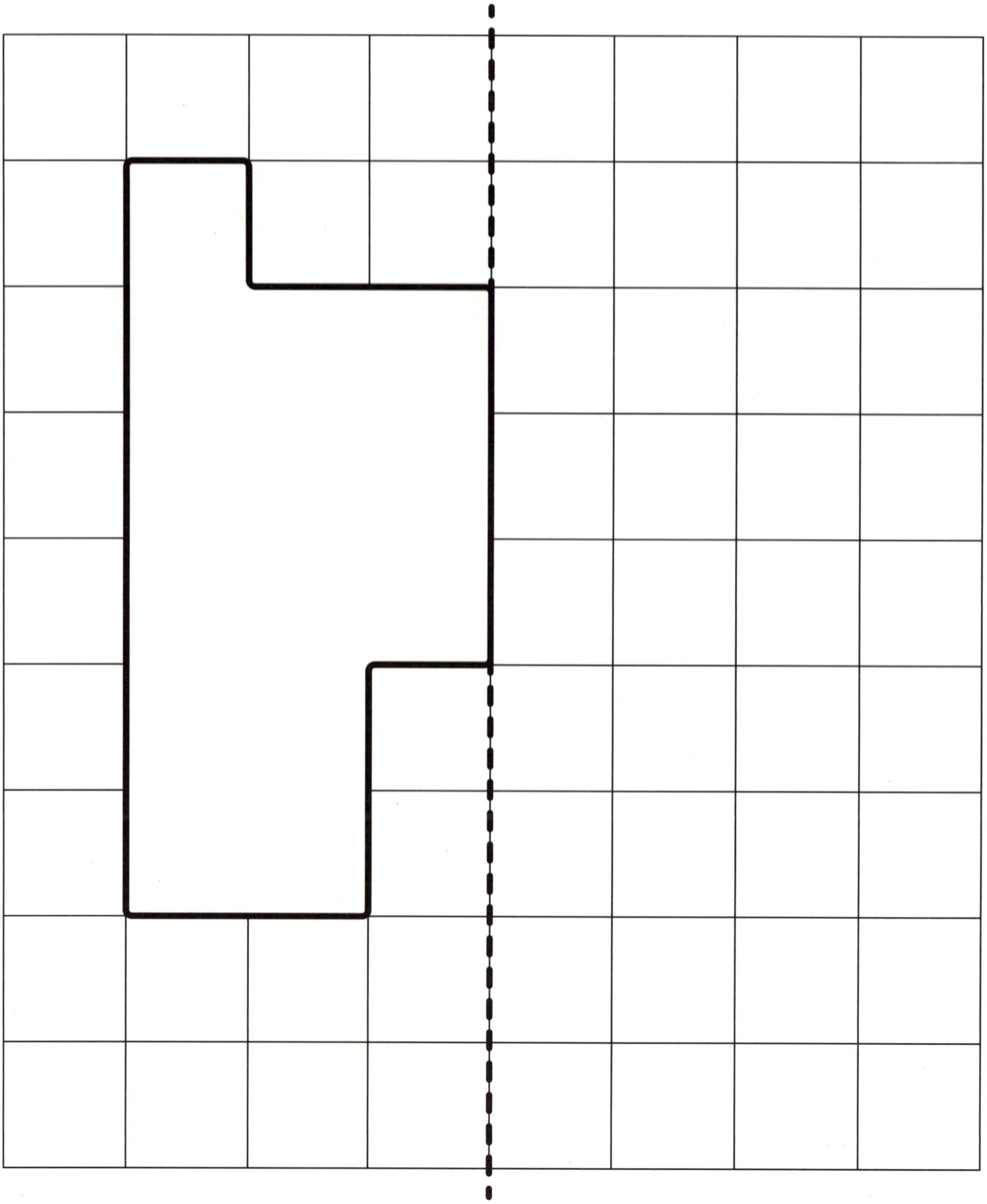

다음 조각을 두 개씩 만들어서 가운데 선을 중심으로 선대칭 모양을 만들어 보세요.

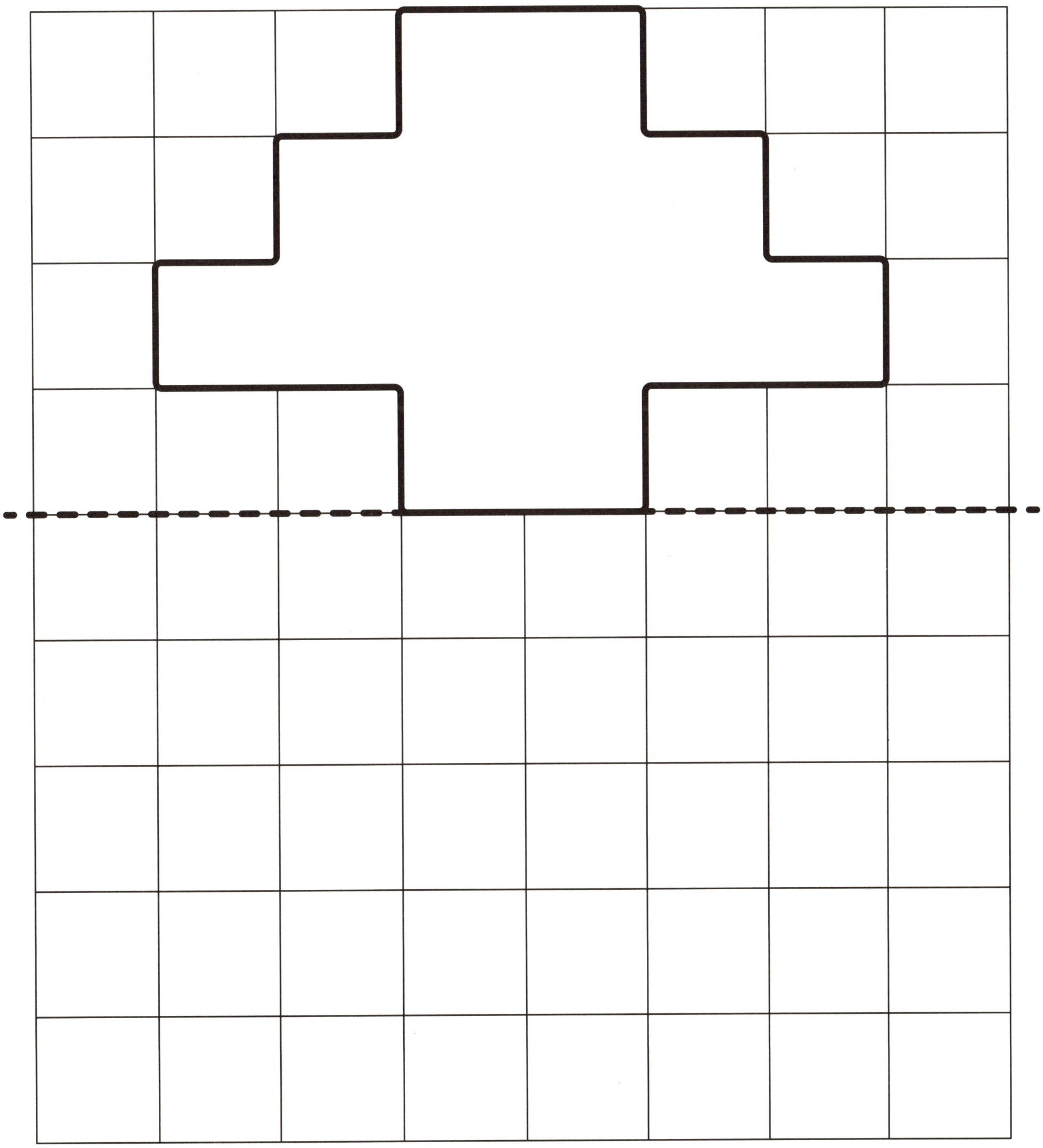

5. 조건에 맞게 놓기 2

두 가지 색을 사용하여 조건에 맞도록 만들어 보세요.

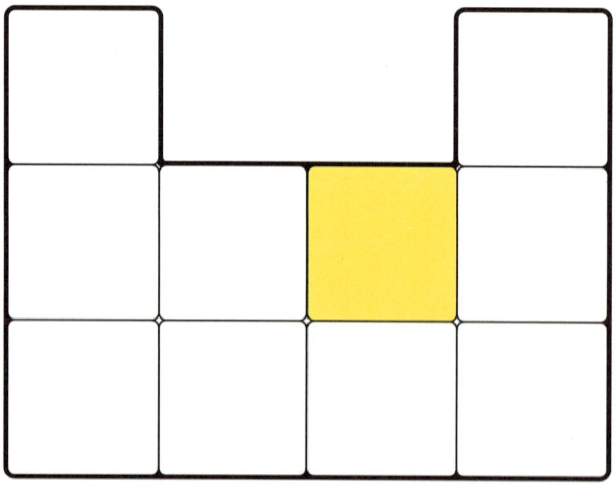

1. 선대칭모양으로 색칠합니다.
2. 노란색과 파란색을 사용합니다.
3. 노란색은 2개입니다.

1. 선대칭모양으로 색칠합니다.
2. 노란색과 보라색을 사용합니다.
3. 보라색은 3개입니다.

두 가지 색을 사용하여 조건에 맞도록 만들어 보세요.

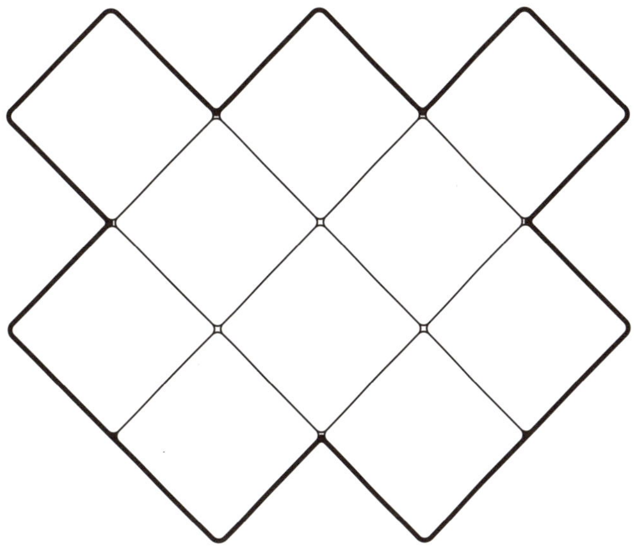

빨간색은 ______ 개

연두색은 ______ 개

1. 선대칭모양으로 색칠합니다.
2. 빨간색과 연두색을 사용합니다.
3. 사용한 큐브의 개수가 서로 같습니다.
4. 같은 색 큐브는 모두 연결되어야 합니다.

파란색은 ______ 개

1. 선대칭모양으로 색칠합니다.
2. 보라색과 파란색을 사용합니다.
3. 보라색은 4개입니다.

6. 조건에 맞게 놓기 3

주어진 연결큐브를 사용하여 조건에 맞도록 연결해 보세요.

1. 파란색만 빼고 가로줄과 세로줄에 같은 색이 없습니다.
2. 파란색은 항상 위에서 넷째입니다.

〈 위 〉

〈 왼쪽 〉

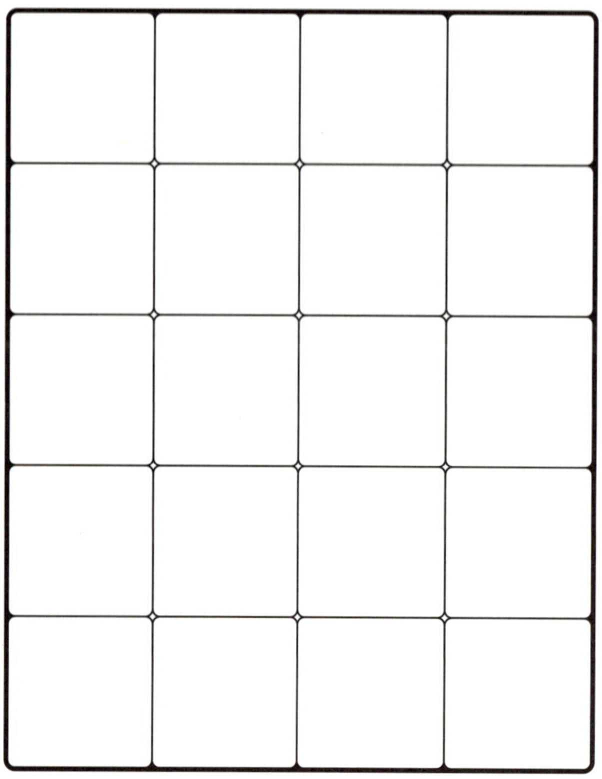

〈 오른쪽 〉

〈 아래 〉

주어진 연결큐브를 사용하여 조건에 맞도록 연결해 보세요.
사용한 연결큐브는 노란색, 빨간색, 보라색입니다.

1. 선대칭모양으로 색칠합니다.
2. 보라색은 2개를 사용합니다.
3. 빨간색은 5개를 사용합니다.

7. 길 연결하기 1

측정

노란 몬스터가 파란 몬스터를 만나러 가는 길을 연결큐브로 만들려고 합니다. 연결큐브 1개를 1단위라고 할 때 주어진 조건대로 만들어 보세요.

6 단위

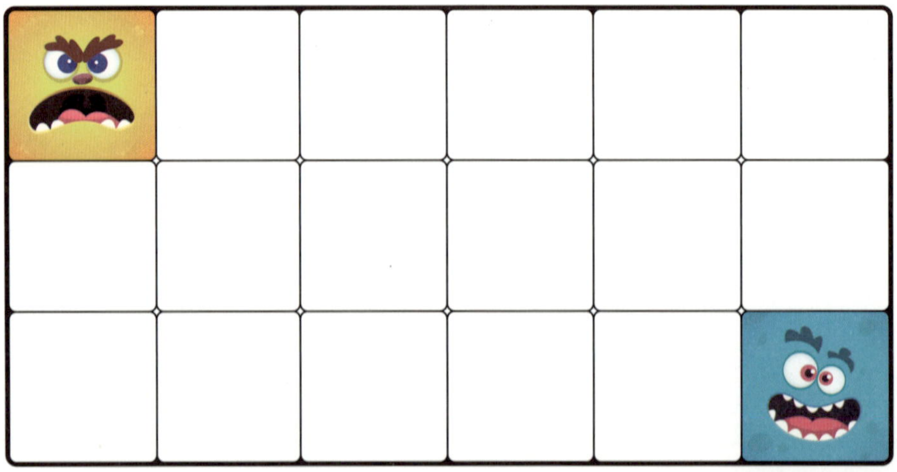

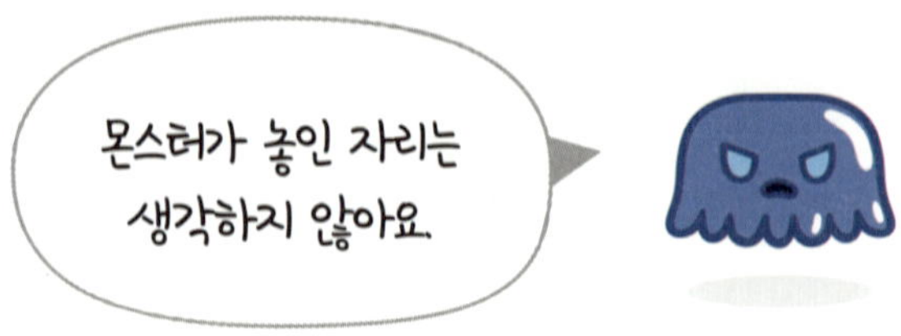

10 단위

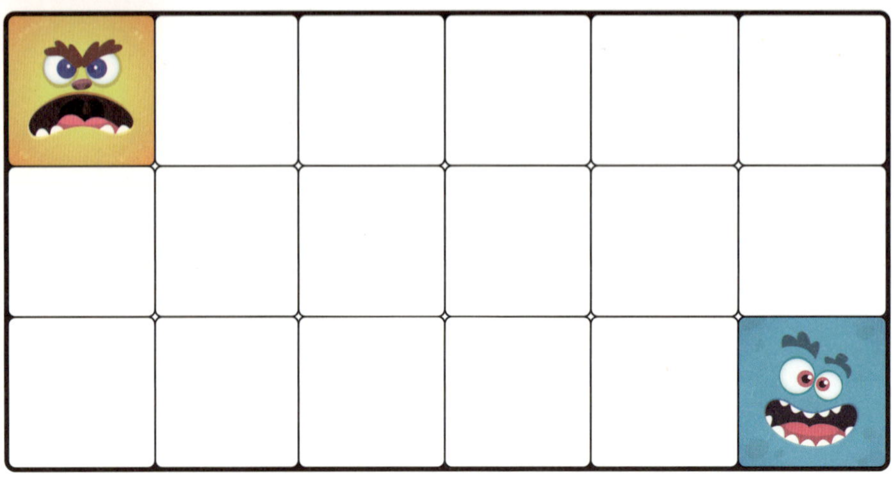

티칭 가이드 큐브는 가로 또는 세로로만 연결 되어야 합니다. 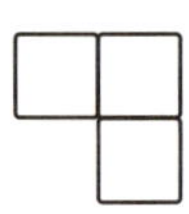 → (O) 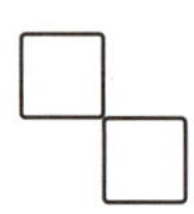 → (X)

노란 몬스터가 빨간 몬스터를 만나러 가는 가장 짧은 길은 7단위가 필요합니다.
11단위를 이용해 가려면 어떻게 연결해야 하는지 만들어 보세요.

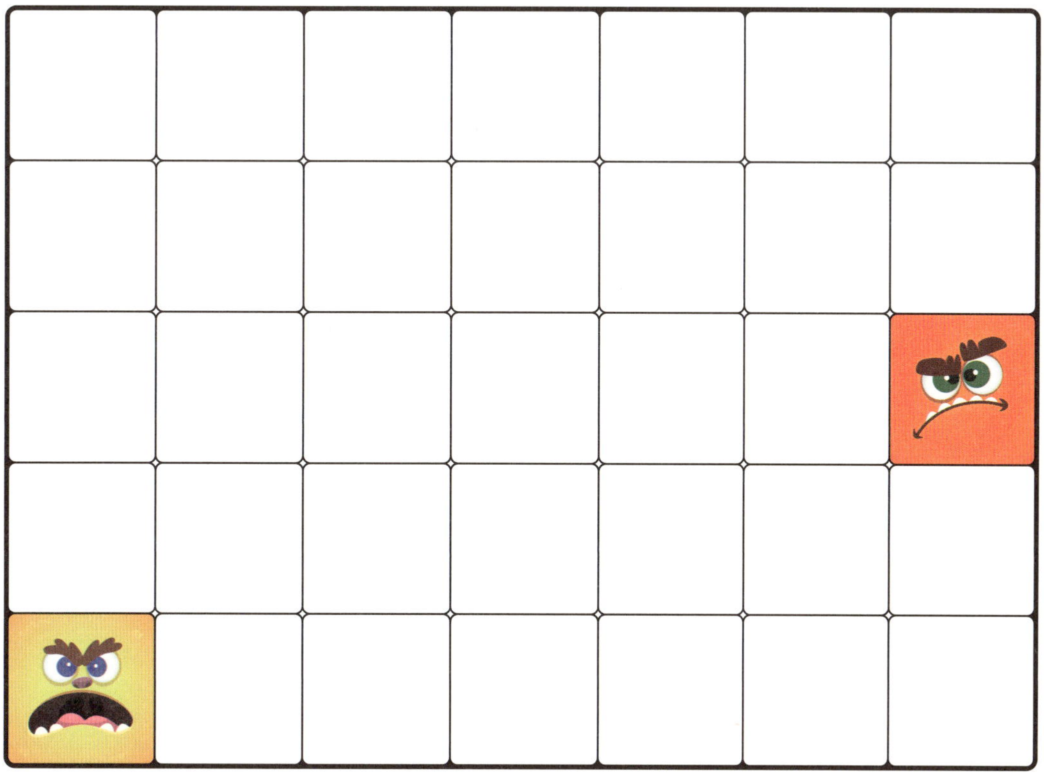

조건에 맞도록 연결큐브를 연결해 보세요.

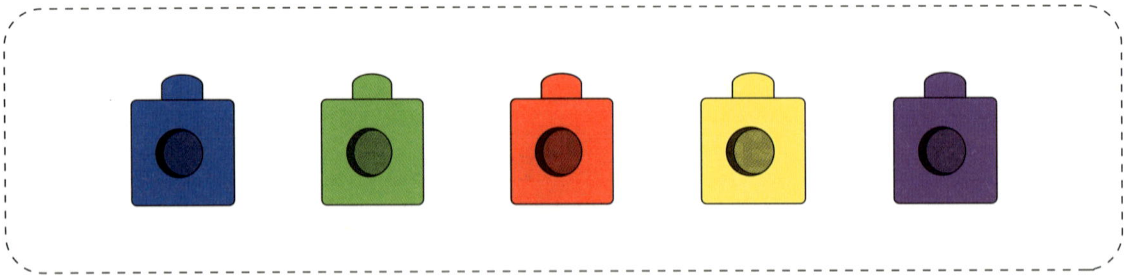

1. 가로줄은 모두 같은 색입니다.
2. 세로줄에는 같은 색이 없습니다.
3. 연두색은 4개이며 파란색보다 1개 더 사용합니다.
4. 보라색은 연두색보다 1개 더 사용합니다.
5. 빨간색은 노란색보다 1개 더 사용합니다.

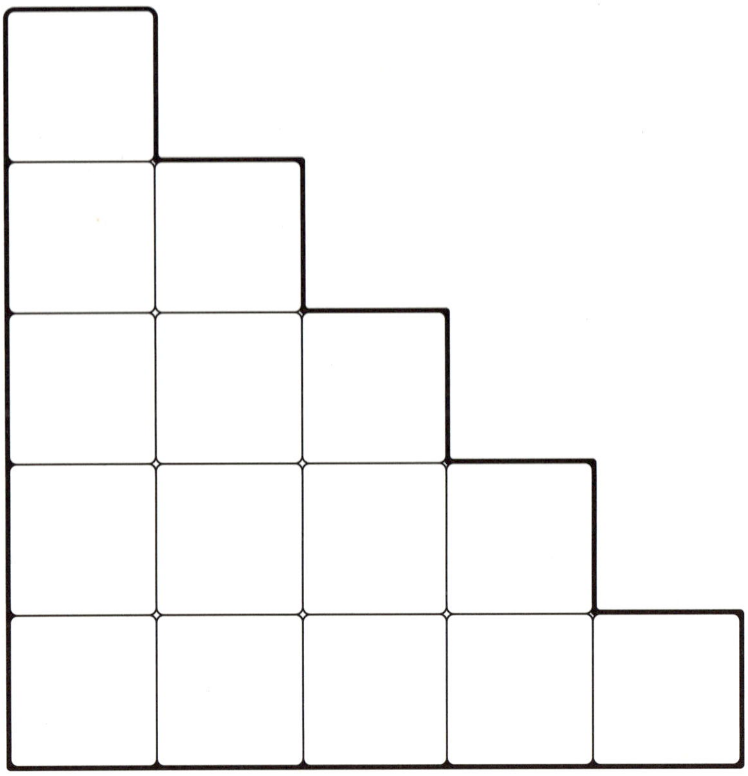

조건에 맞도록 연결큐브를 연결해 보세요.

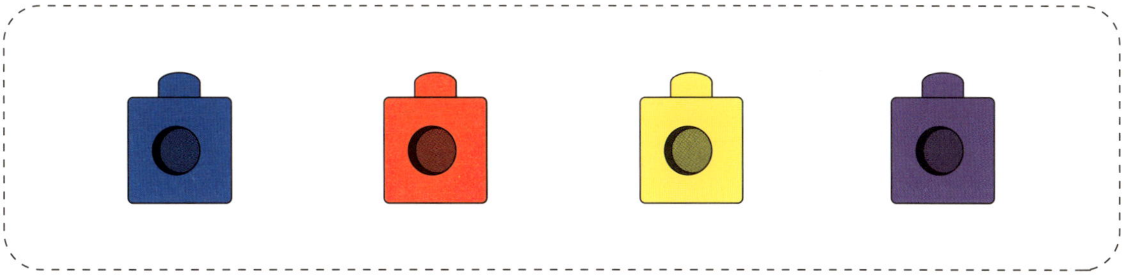

1. 빨간색은 1개입니다.
2. 색칠한 모양이 대칭입니다.
3. 빨간색을 보라색보다 1개 덜 사용합니다.
4. 노란색을 파란색보다 1개 덜 사용합니다.

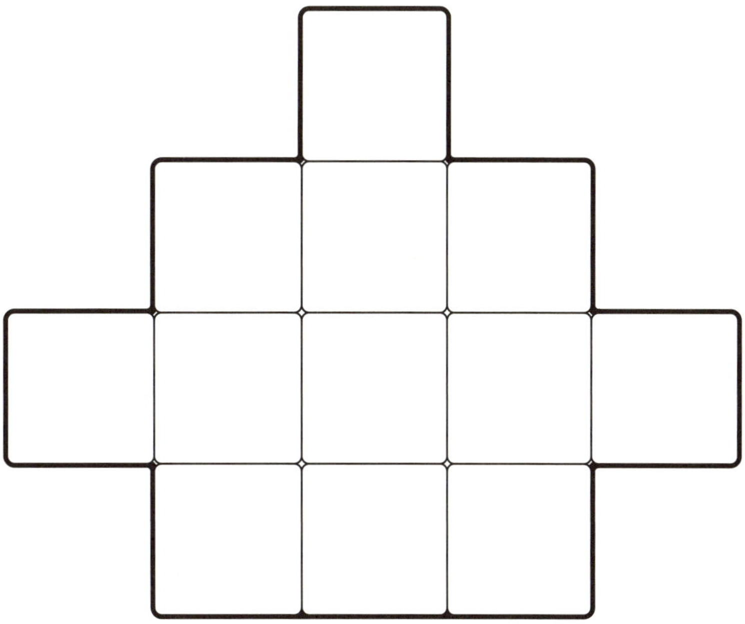

9. 평면 모양 만들기 2

테트로미노 조각들을 이용하여 다음 모양을 맞춰보세요.

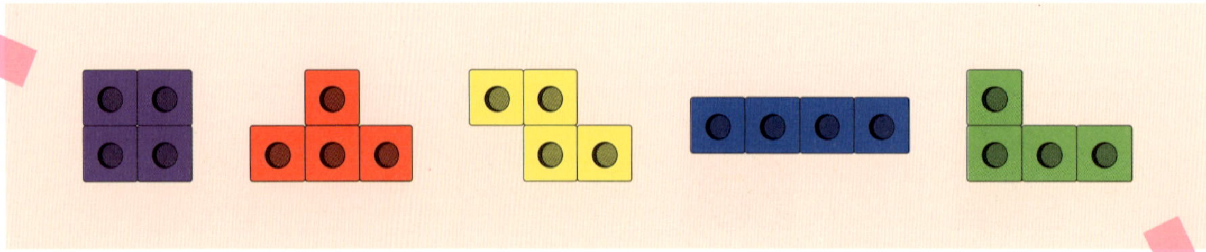

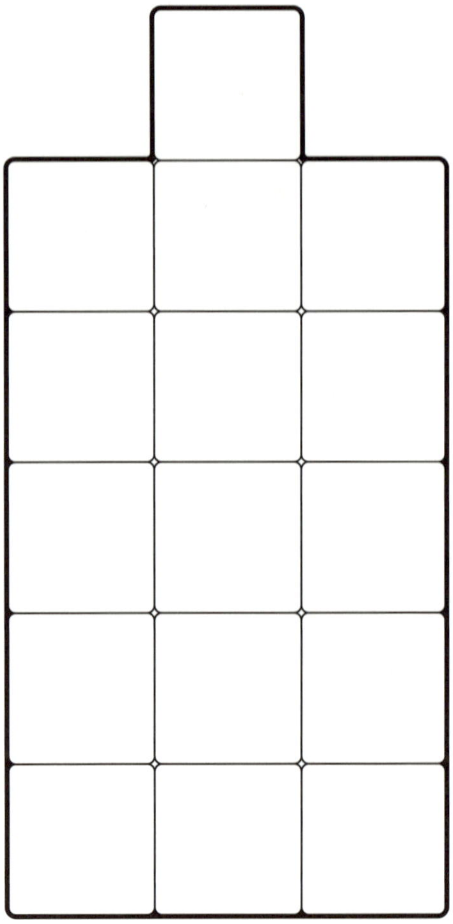

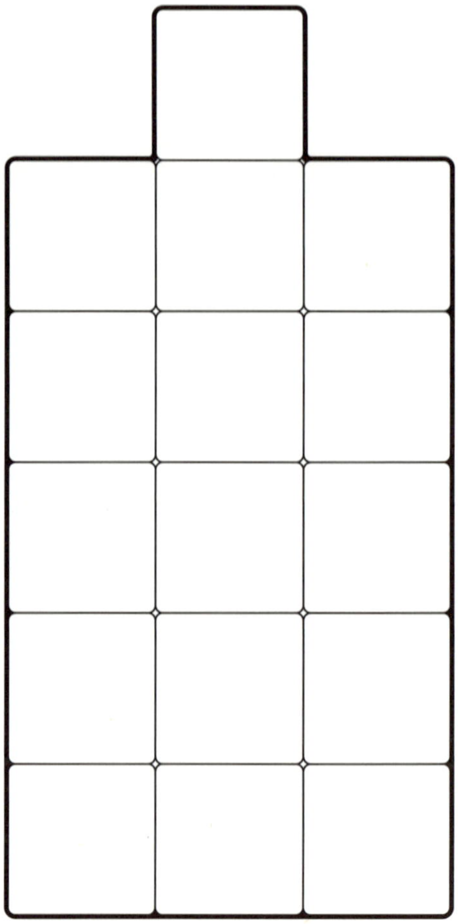

______ 조각

______ 조각

테트로미노 조각들을 이용하여 다음 모양을 맞춰보세요.

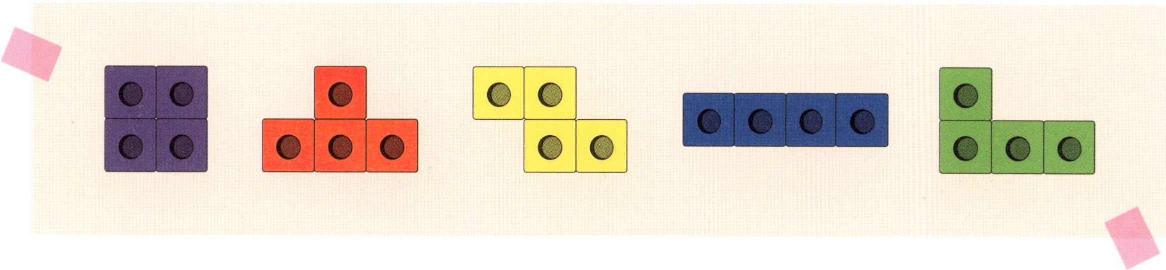

---------------------- 조각

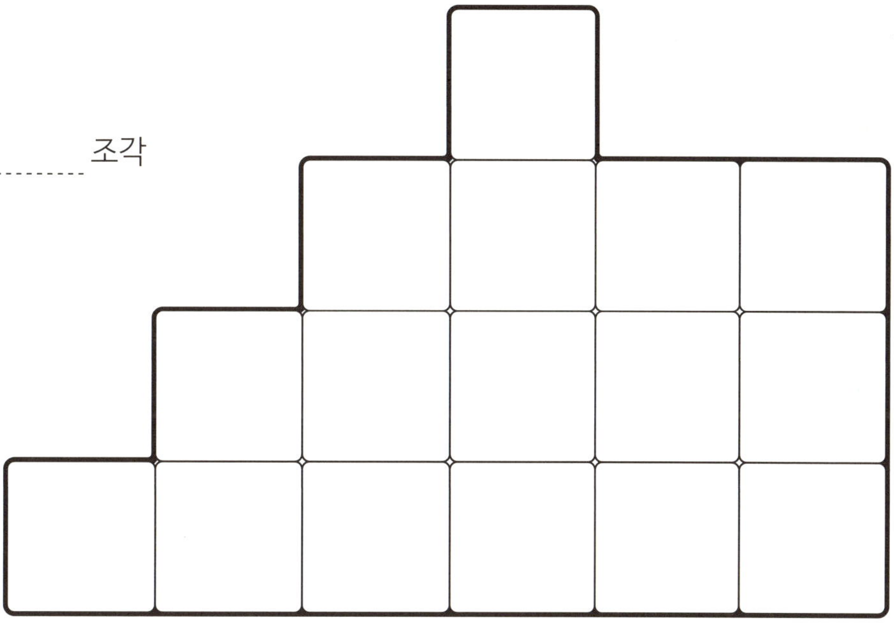

---------------------- 조각

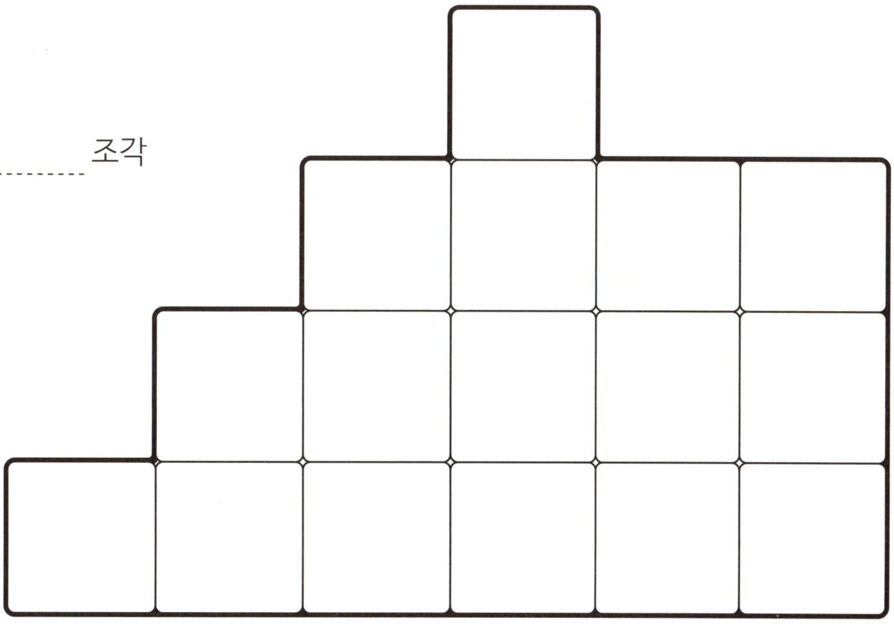

조건에 맞도록 연결큐브를 연결해 보세요.

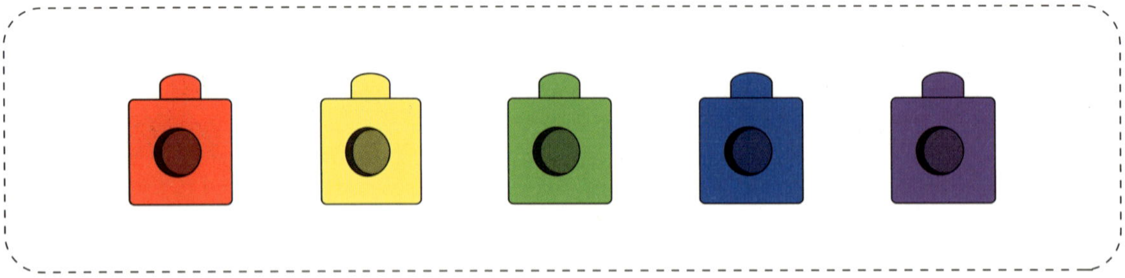

1. 가로줄은 모두 같은 색입니다.
2. 가장 많은 색은 파란색입니다.
3. 보라색은 파란색보다 2개 덜 사용합니다.
4. 노란색은 1개이며, 빨간색보다 2개 덜 사용합니다.

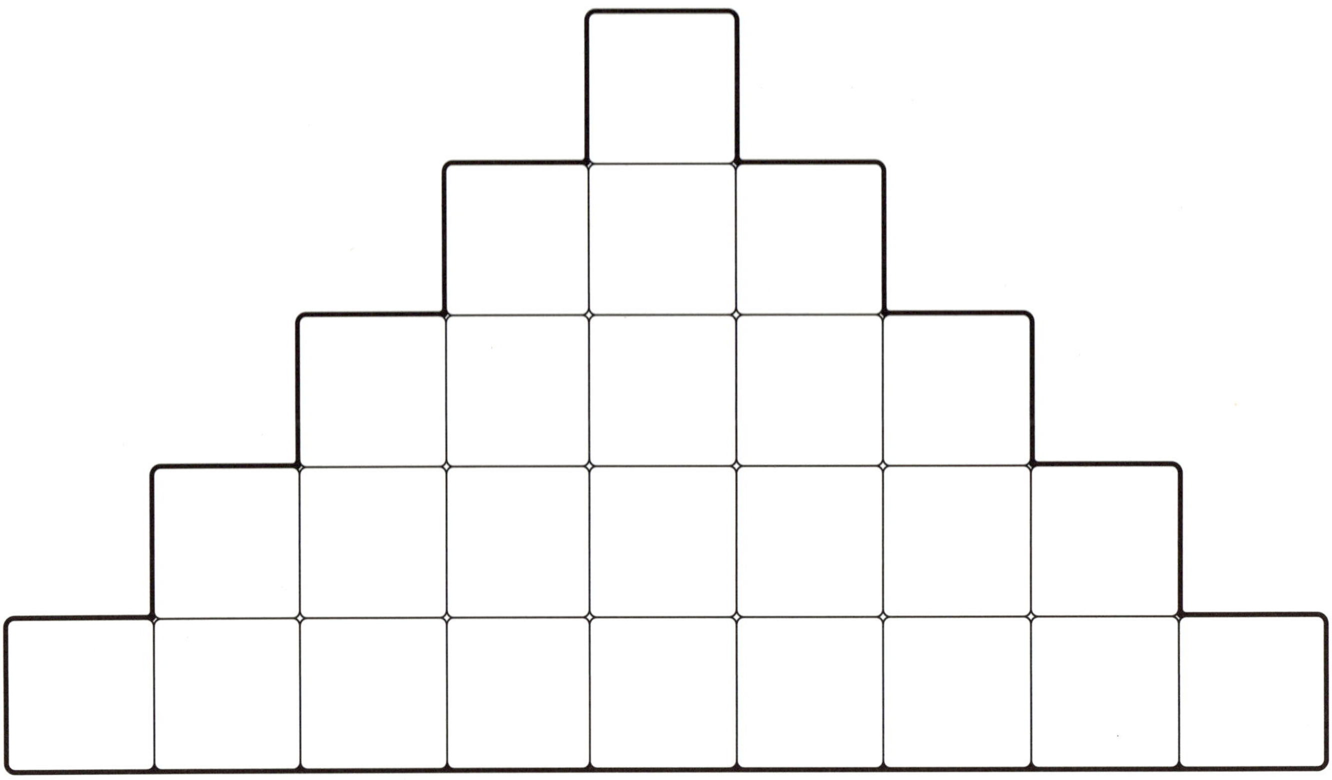

연두색은 몇 개인가요?

조건에 맞도록 연결큐브를 연결해 보세요.

1. 세로줄은 모두 같은 색입니다.
2. 파란색은 노란색보다 2개 더 사용합니다.
3. 보라색은 연두색보다 2개 더 사용합니다.
4. 연두색은 파란색보다 2개 더 사용합니다.

다음 입체 모양을 만들고 위, 앞, 뒤, 오른쪽, 왼쪽에서 본 모양을 색칠해 보세요.

보기

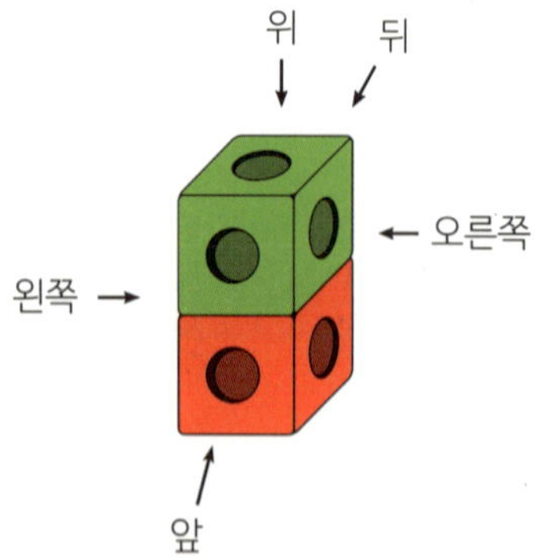

〈 위에서 본 모양 〉 〈 앞에서 본 모양 〉 〈 뒤에서 본 모양 〉

〈 오른쪽에서 본 모양 〉 〈 왼쪽에서 본 모양 〉

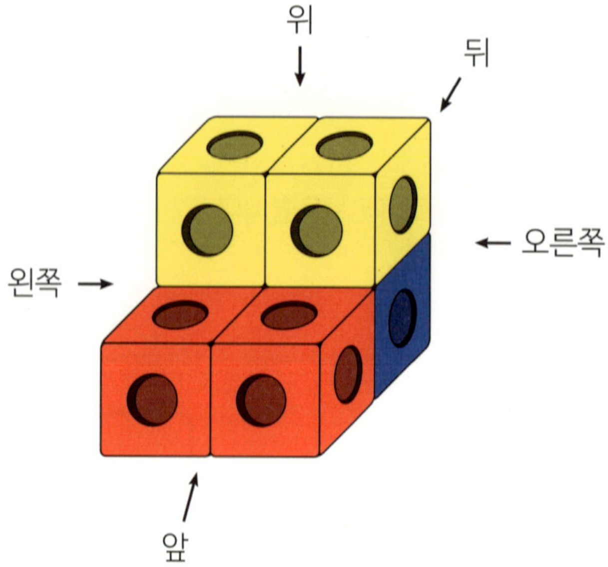

〈 위에서 본 모양 〉 〈 앞에서 본 모양 〉 〈 뒤에서 본 모양 〉

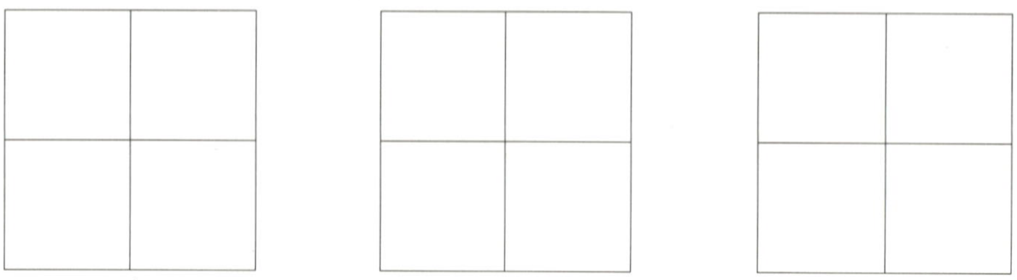

〈 오른쪽에서 본 모양 〉 〈 왼쪽에서 본 모양 〉

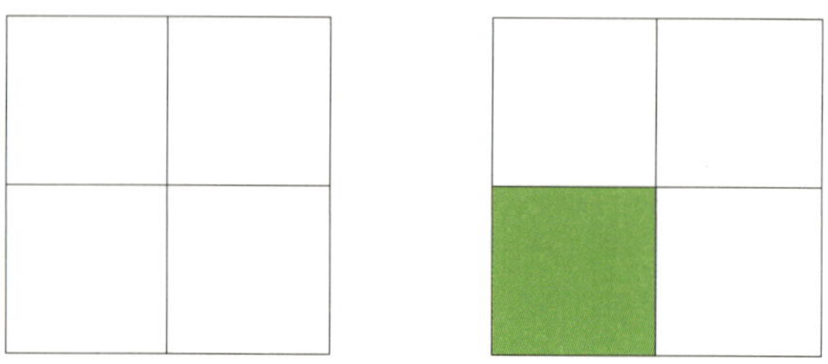

다음 입체 모양을 만들고 위, 앞, 뒤, 오른쪽, 왼쪽에서 본 모양을 색칠해 보세요.

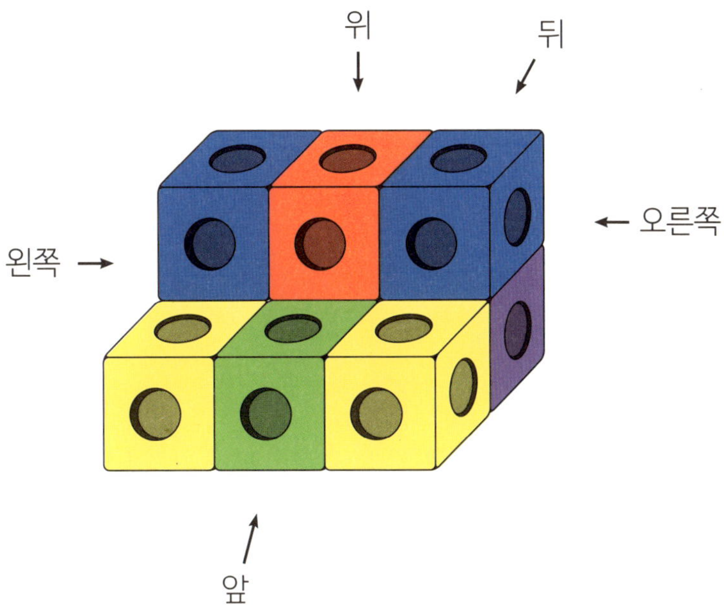

〈 위에서 본 모양 〉

〈 앞에서 본 모양 〉

〈 뒤에서 본 모양 〉

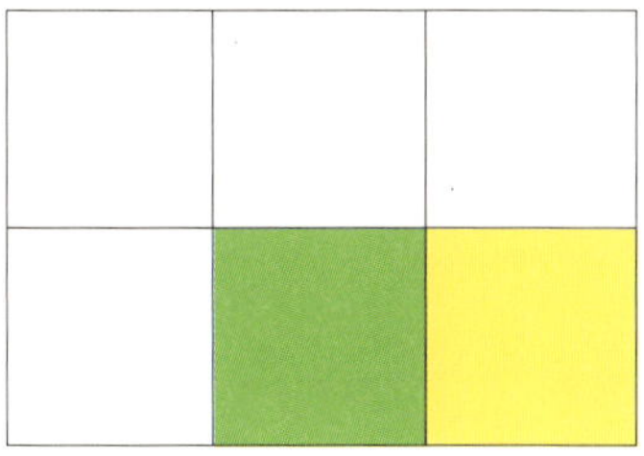

〈 오른쪽에서 본 모양 〉

〈 왼쪽에서 본 모양 〉

12. 입체 모양 개수 세기 1

도형

입체 모양을 보고 연결큐브를 사용하여 만들어 보세요. 위에서 보았을 때, 각 위치에서 사용된 연결큐브 개수를 적어보세요.

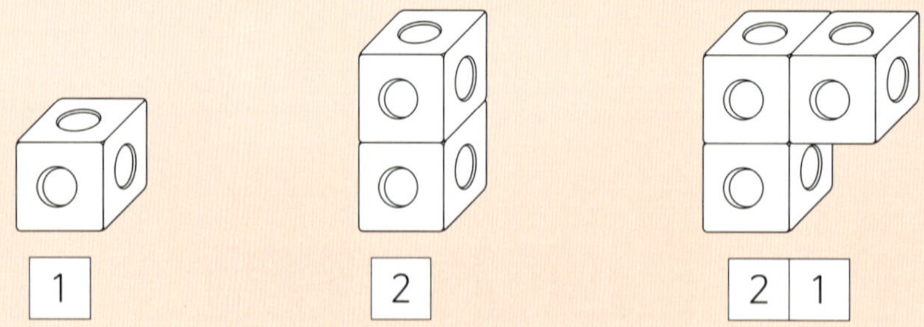

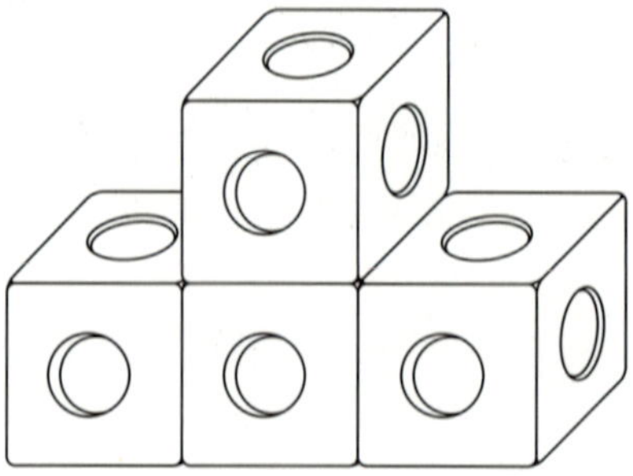

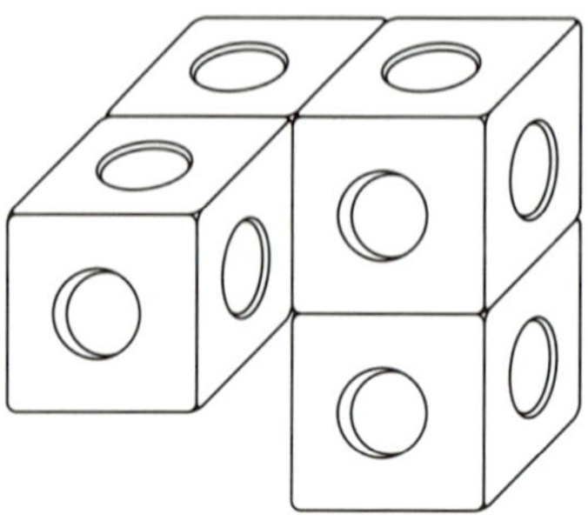

입체 모양을 보고 연결큐브를 사용하여 만들어 보세요. 위에서 보았을 때, 각 위치에서 사용된 연결큐브 개수를 적어보세요.

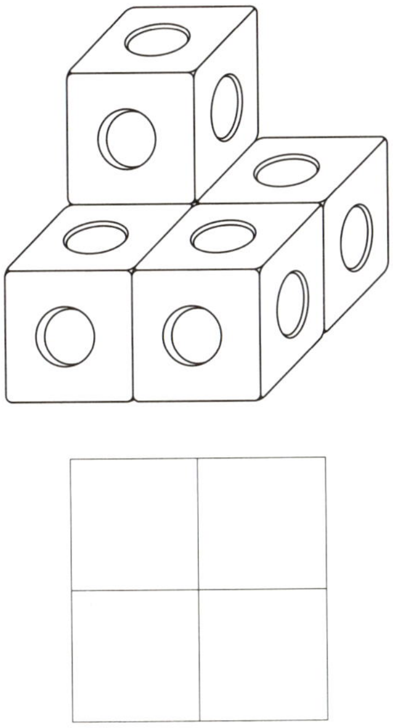

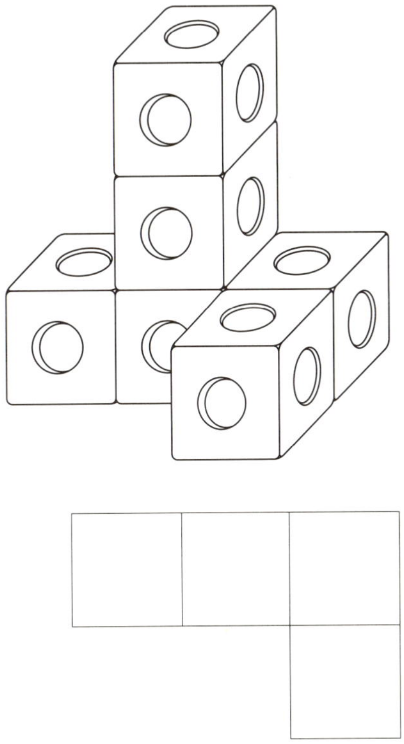

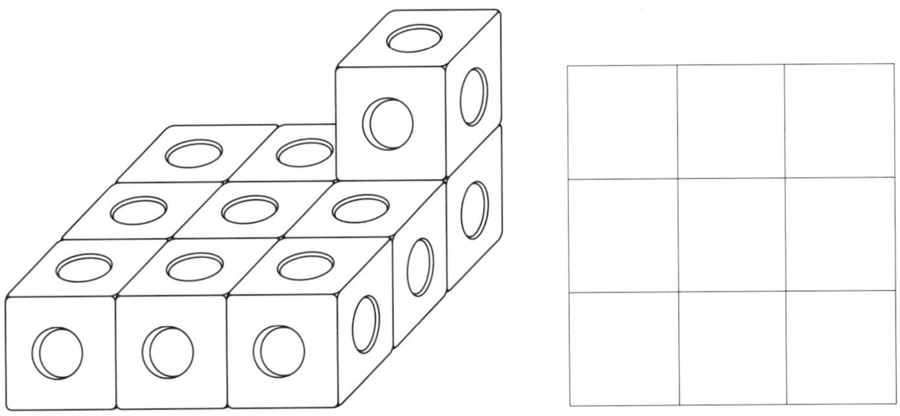

입체 모양을 보고 연결큐브를 사용하여 만들어 보세요. 위에서 보았을 때, 각 위치에서 사용된 연결큐브 개수를 적어보세요.

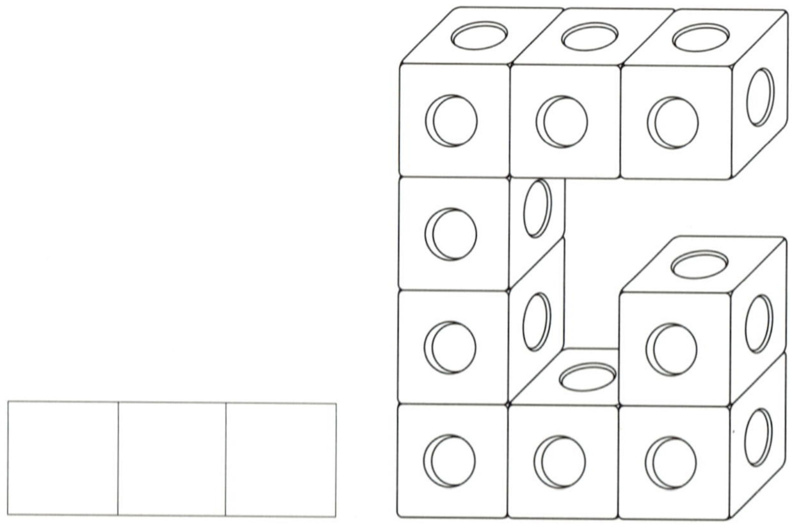

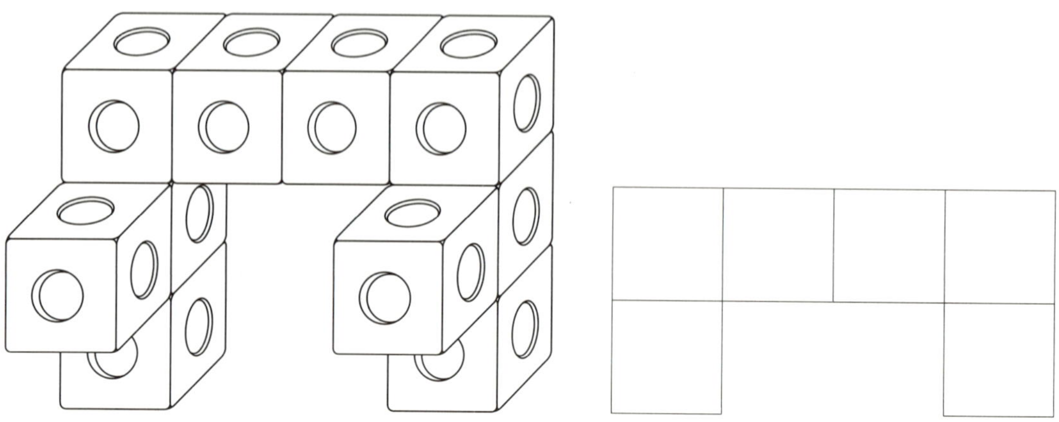

입체 모양을 보고 연결큐브를 사용하여 만들어 보세요. 위에서 보았을 때, 각 위치에서 사용된 연결큐브 개수를 적어보세요.

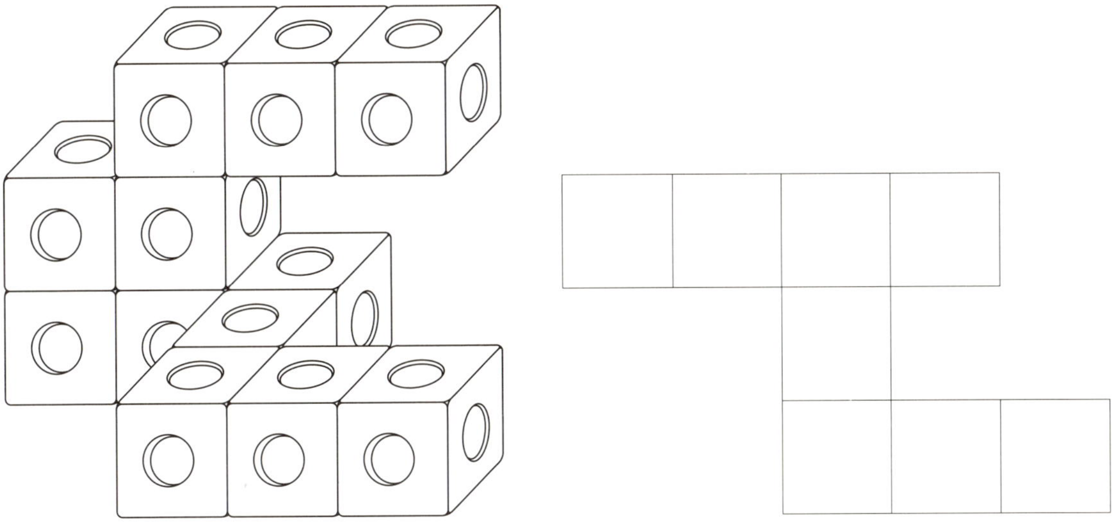

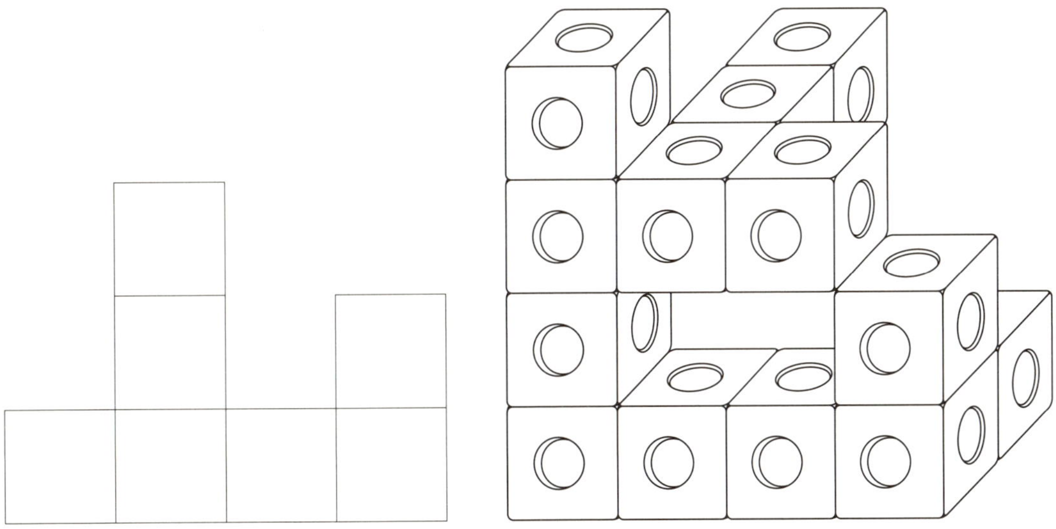

14. 길 연결하기 2

측정

다음 문제를 읽고 주어진 물음에 답하세요.

1. 같은 색 몬스터끼리 연결합니다.
2. 가장 짧은 길을 만들어야 합니다.

연결큐브 1개를 1단위로 할 때, 누구의 길이 더 짧은가요?

빨간 몬스터가 몬스터 친구를 만나려고 합니다. 가장 가까이에 있는 친구는 누구인가요?

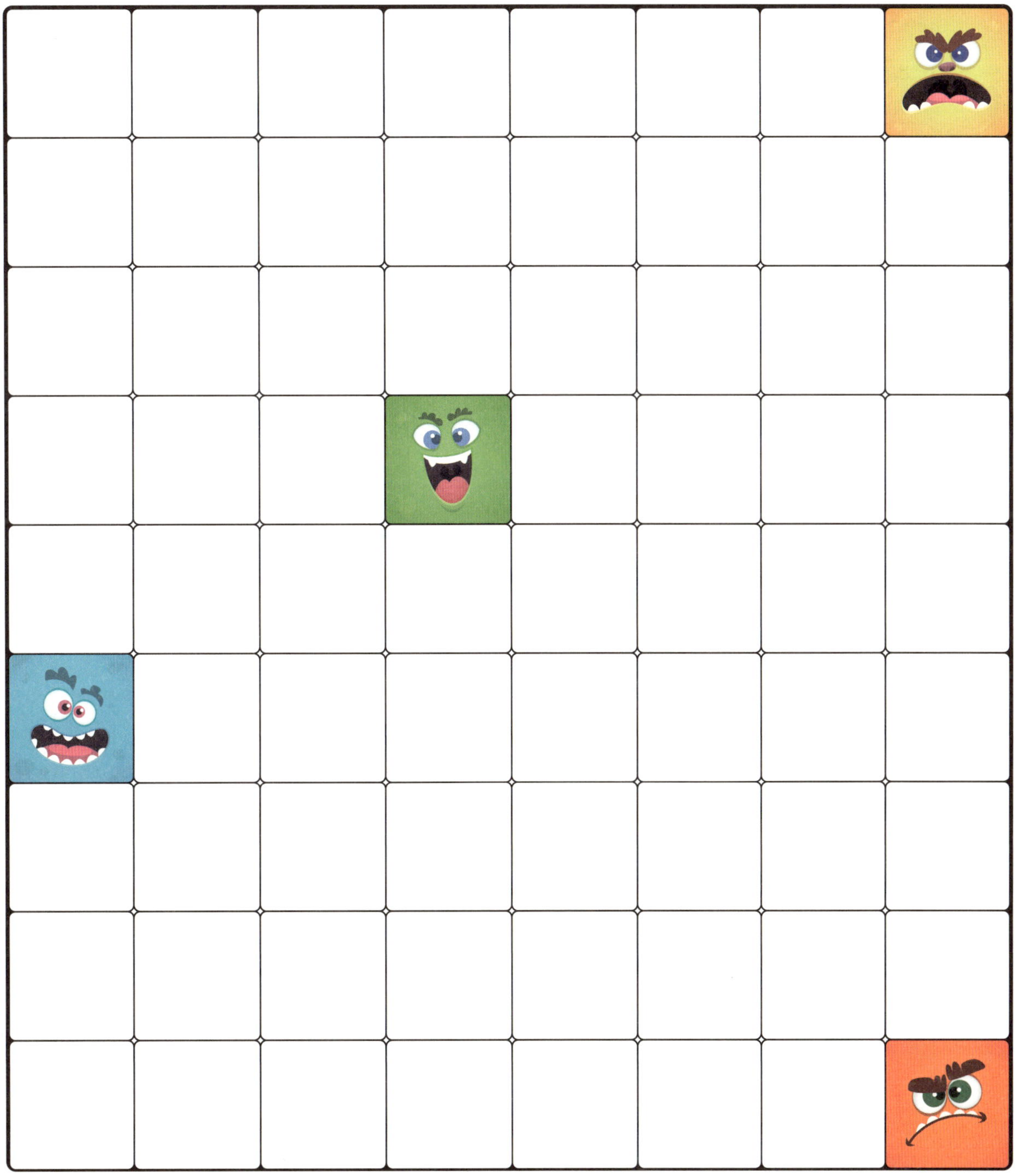

15. 길 연결하기 3

측정

파란 몬스터가 보라 몬스터에게 가려고 합니다. 21단위를 사용해 도착하도록 큐브를 연결해 보세요.

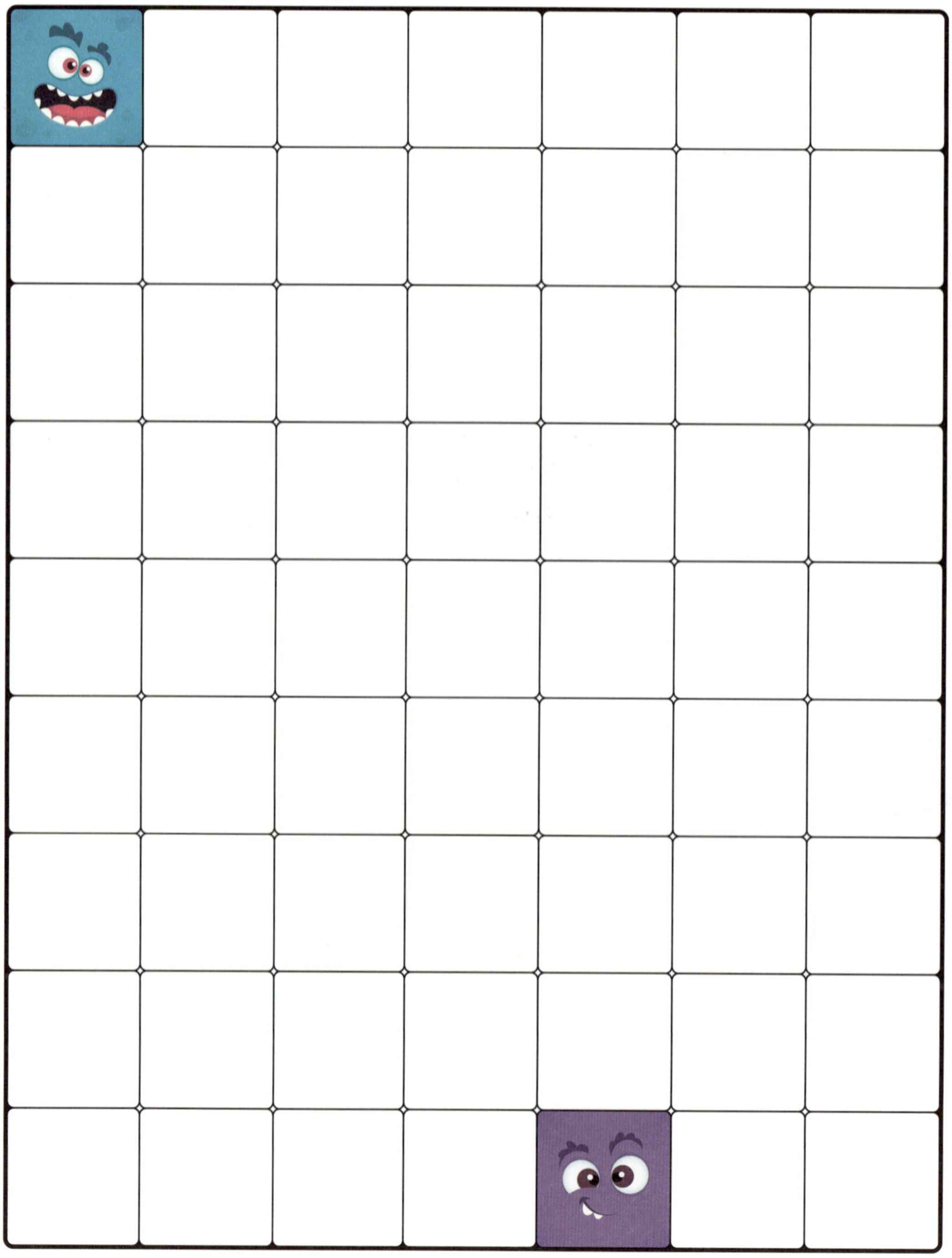

보라 몬스터가 노란 몬스터에게 가려고 합니다. 24단위를 사용해 도착하도록 큐브를 연결해 보세요.

다음은 순서대로 연결큐브를 끼우고 돌리는 활동입니다. 주어진 물음에 답하세요.

보기

(가) (나) (다)

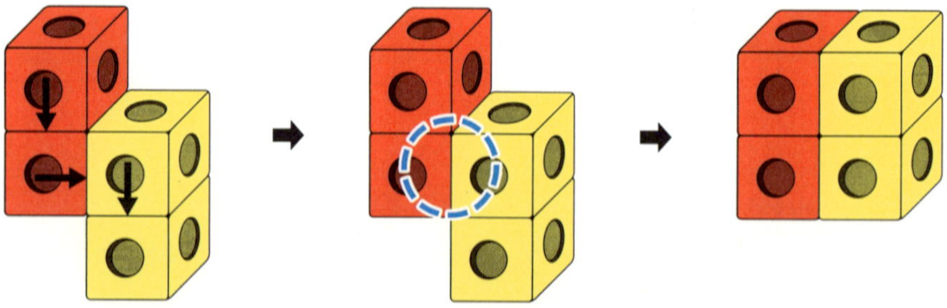

(가) 큐브의 방향을 잘 살펴서 끼웁니다.

(나) ◌ 표시된 부분을 잡고 돌리면 (다) 모양이 됩니다.

왼쪽 모양을 만들고, 한 번 돌려서 오른쪽 모양이 되려면 어디를 돌리면 되는지 ○ 하세요.

1)

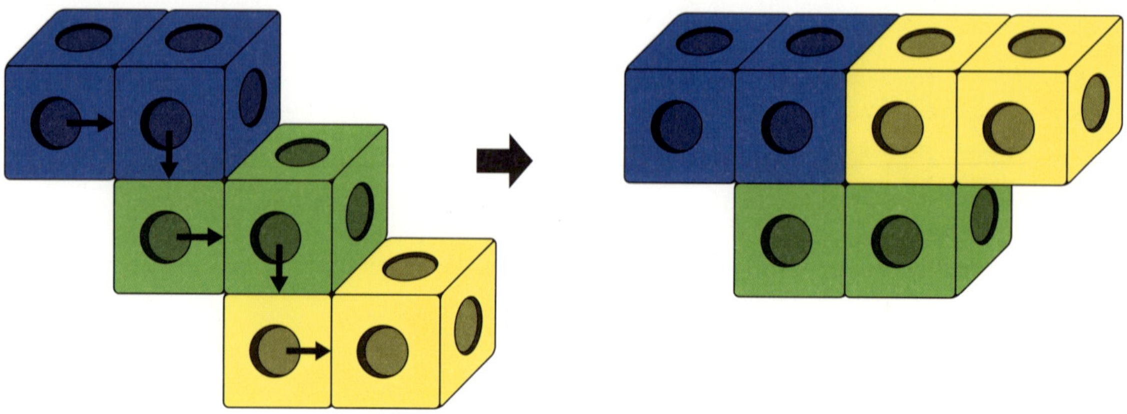

왼쪽 모양을 만들고, 한 번 돌려서 오른쪽 모양이 되려면 어디를 돌리면 되는지 ○ 하세요.

2)

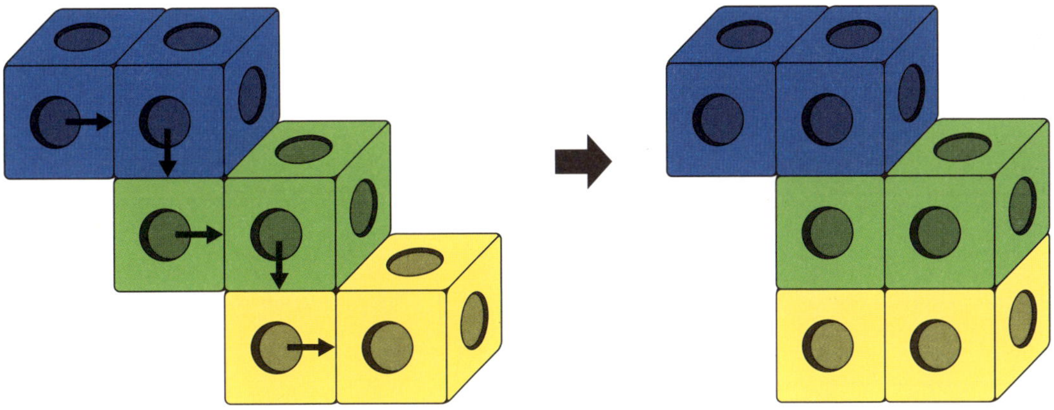

3)

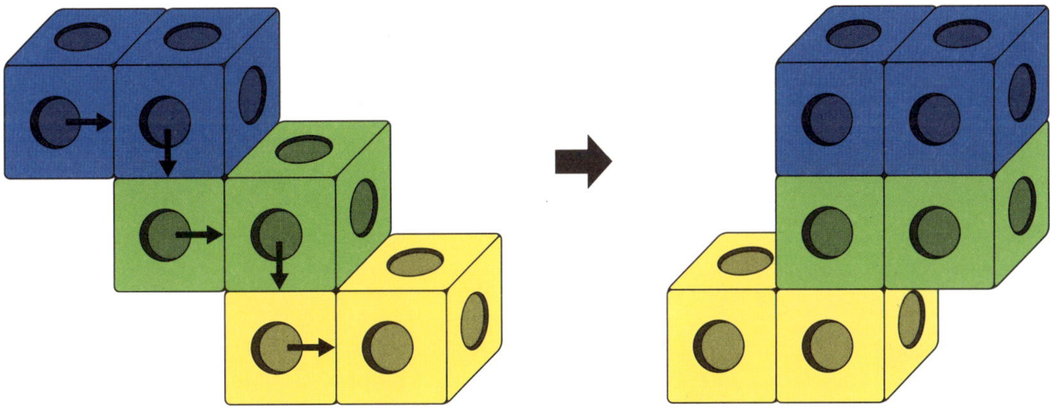

4)

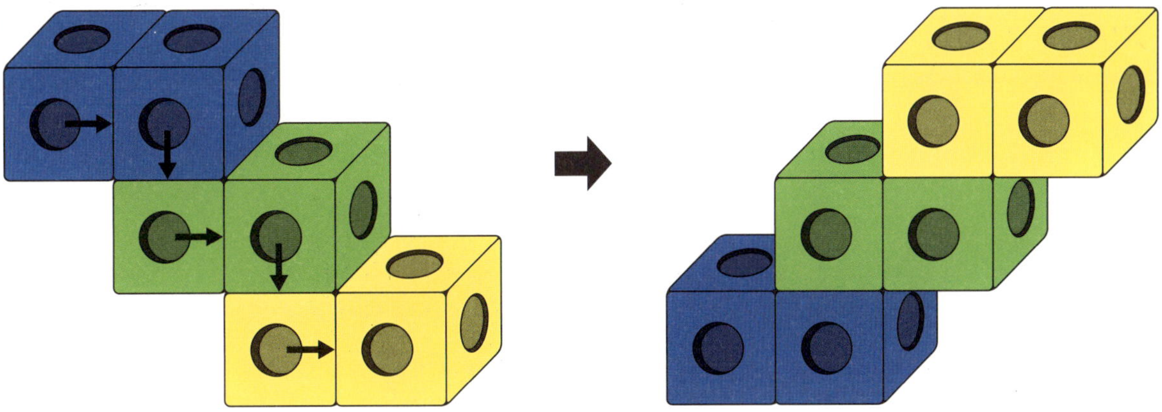

17. 연결큐브 돌리기 2

도형

상자 안의 모양을 만든 후 연결큐브를 돌려서 차례대로 모양을 변신해 보세요.

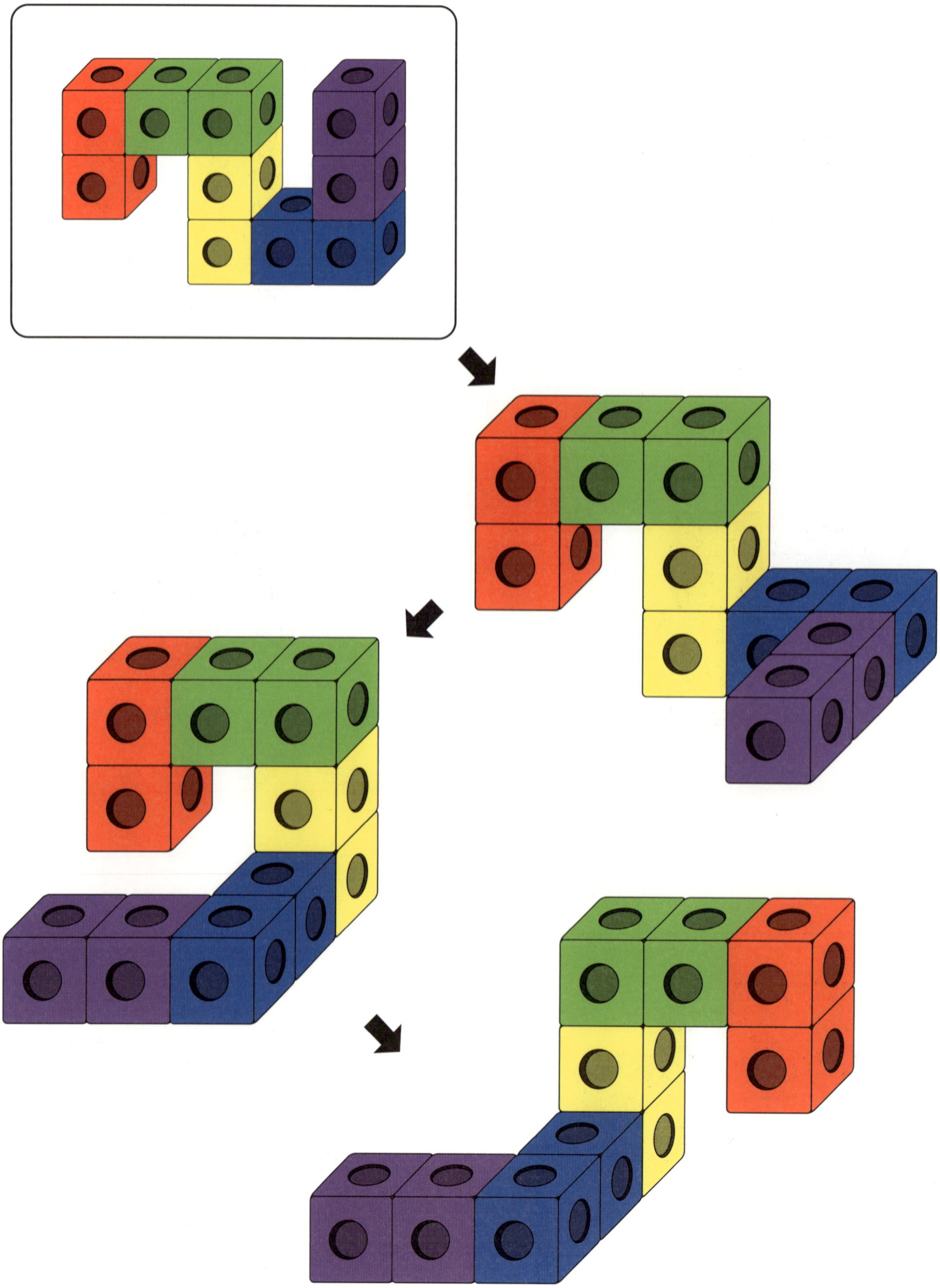

상자 안의 모양을 만든 후 연결큐브를 돌려서 차례대로 모양을 변신해 보세요.

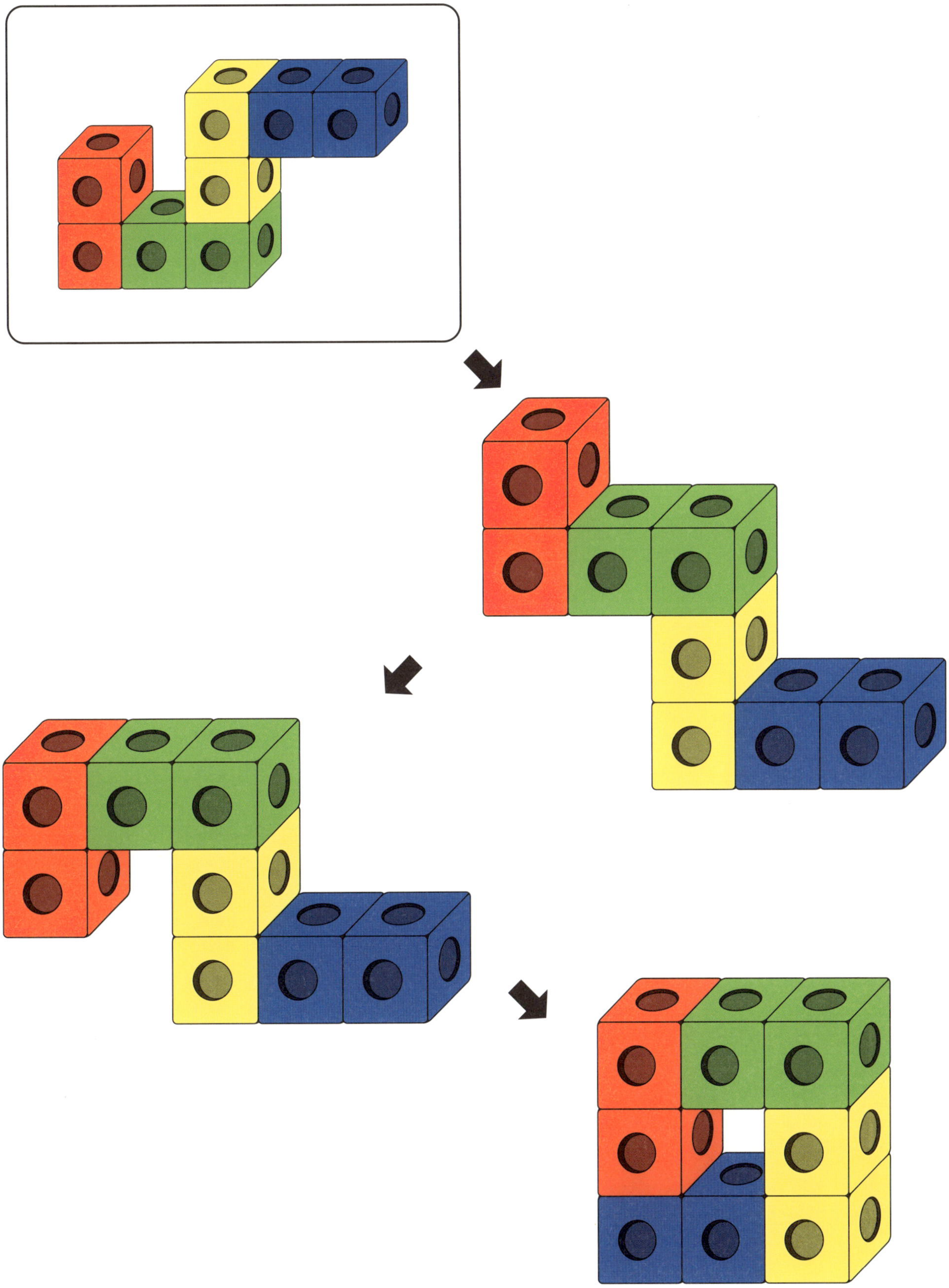

18. 입체 모양 개수 세기 3

도형

연결큐브로 다음 모양을 만들려고 합니다. 각 조건에 맞게 입체 모양을 만들고 위에서 본 모양에 사용한 개수를 적어보세요.

연결큐브를 가능한 한 적게 사용하기

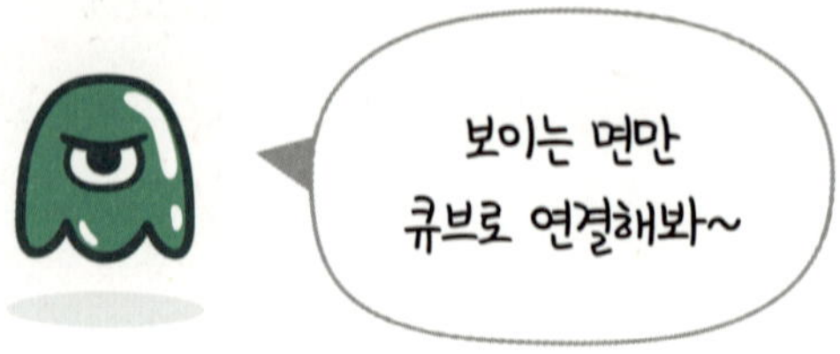

연결큐브를 가능한 한 많이 사용하기

연결큐브로 다음 모양을 만들려고 합니다. 각 조건에 맞게 입체 모양을 만들고 위에서 본 모양에 사용한 개수를 적어보세요.

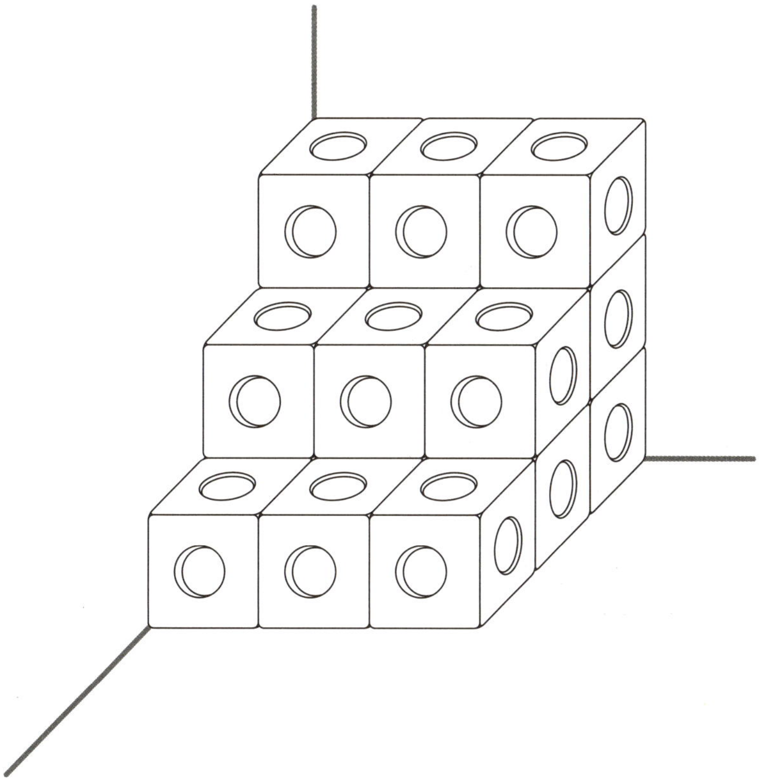

연결큐브를 가능한 한 적게 사용하기

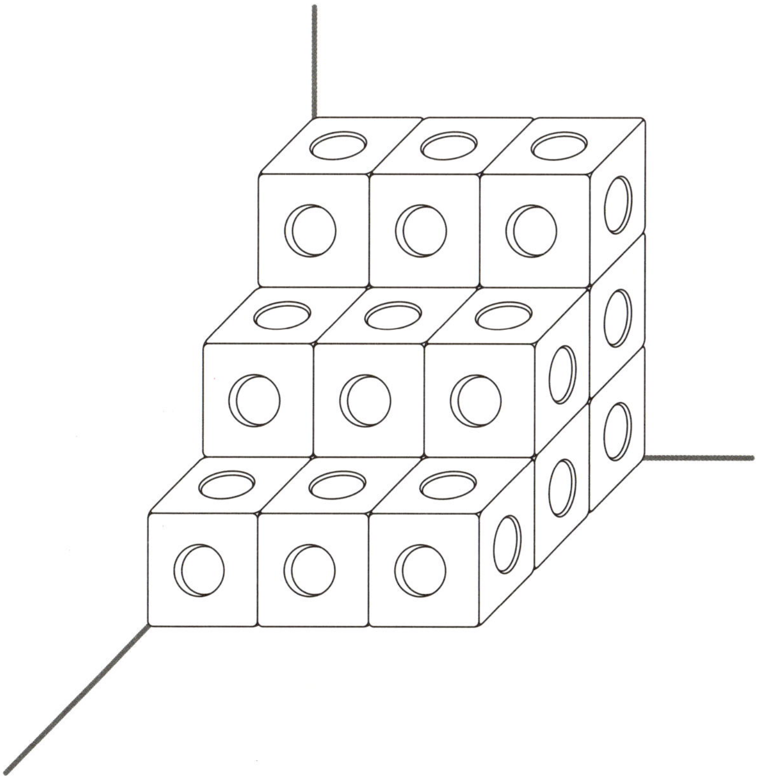

연결큐브를 가능한 한 많이 사용하기

연결큐브 13개로 다음 입체 모양을 만들고 위, 앞, 뒤, 오른쪽, 왼쪽에서 본 모양을 색칠해 보세요.

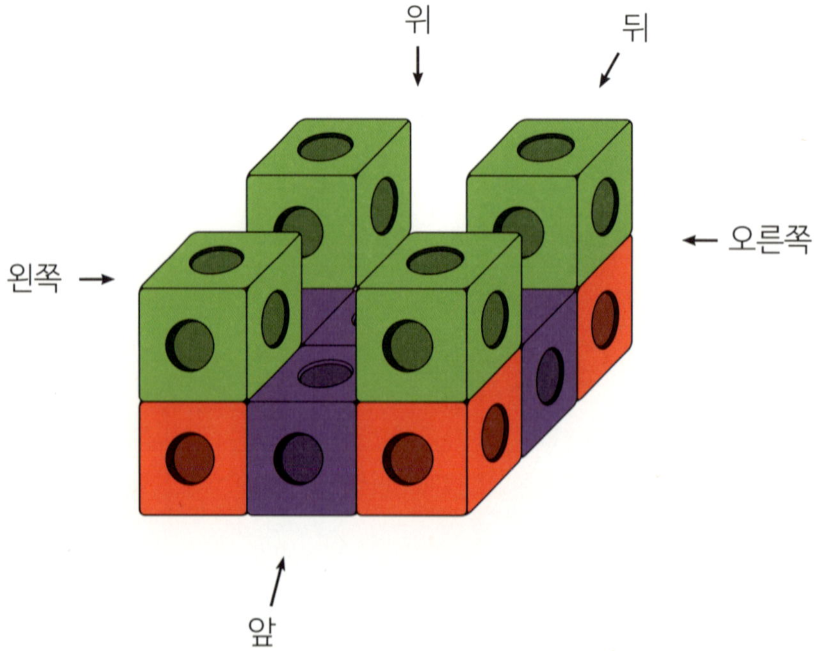

〈 위에서 본 모양 〉

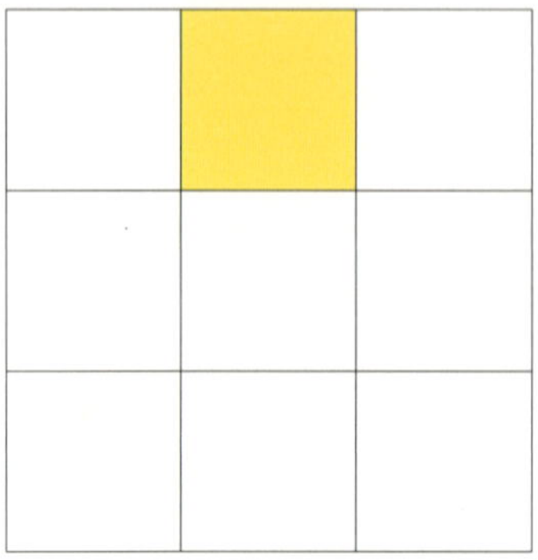

〈 앞에서 본 모양 〉

〈 뒤에서 본 모양 〉

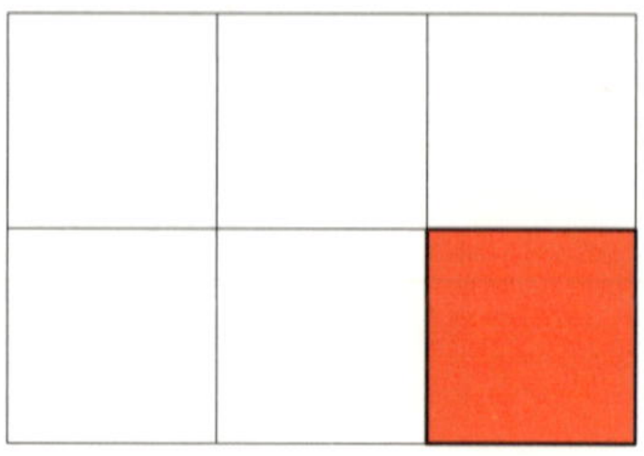

〈 오른쪽에서 본 모양 〉

〈 왼쪽에서 본 모양 〉

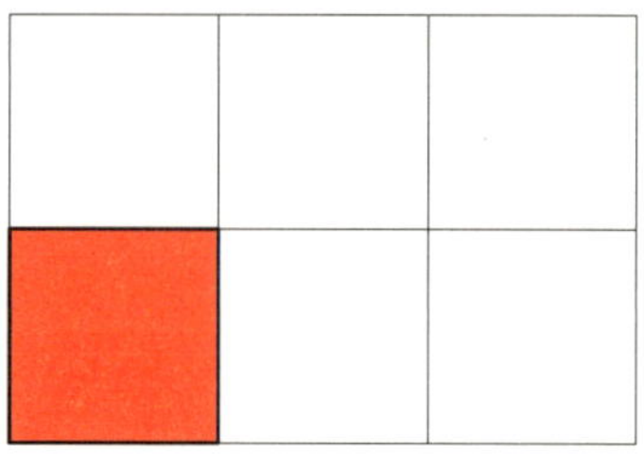

연결큐브 9개로 다음 입체 모양을 만들고 위, 앞, 뒤, 오른쪽, 왼쪽에서 본 모양을 색칠해 보세요.

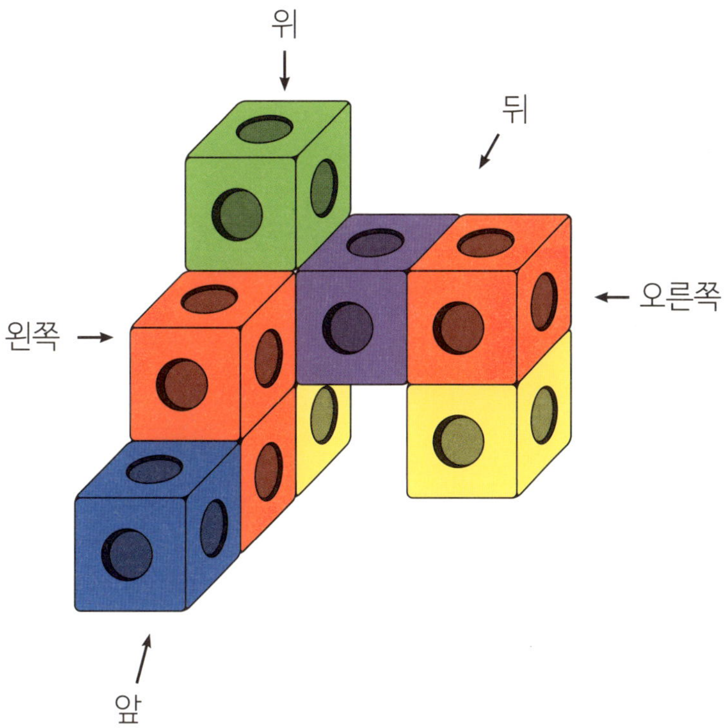

〈 위에서 본 모양 〉

〈 앞에서 본 모양 〉

〈 뒤에서 본 모양 〉

〈 오른쪽에서 본 모양 〉

〈 왼쪽에서 본 모양 〉

다음의 조각을 사용하여 연결큐브 빌딩을 만들고, 각 방향에서 본 모양을 그려보세요.

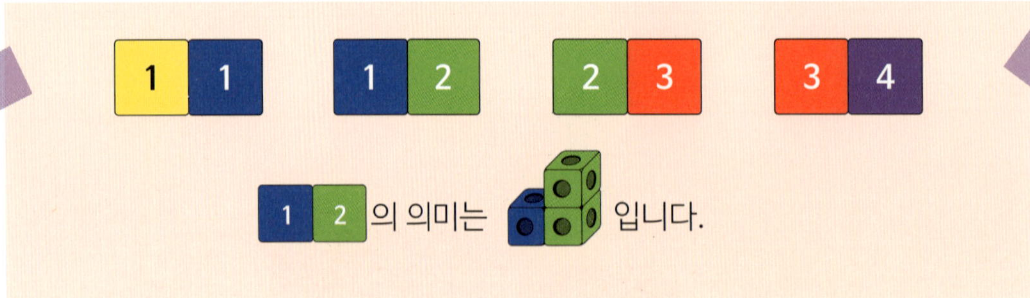

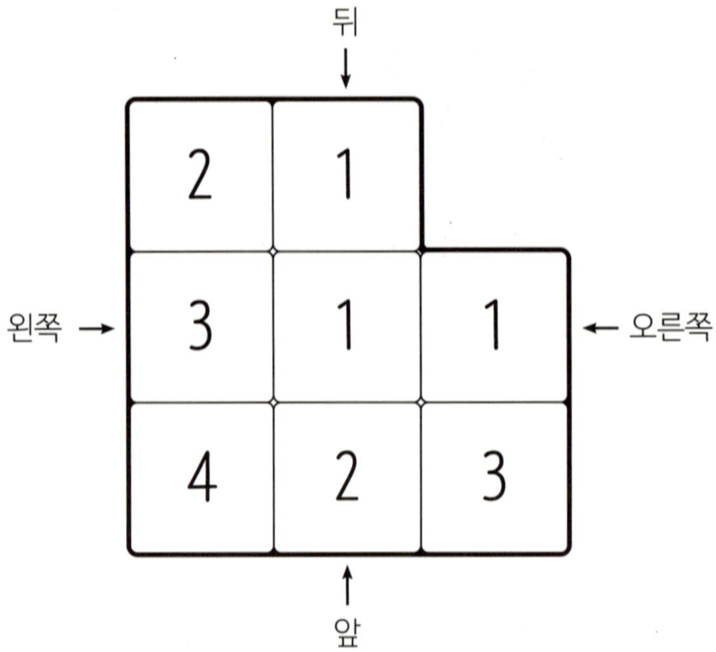

빌딩을 완성하고 앞, 뒤, 오른쪽, 왼쪽에서 본 모양을 색칠해 보세요.

〈 앞에서 본 모양 〉

〈 뒤에서 본 모양 〉

〈 오른쪽에서 본 모양 〉

〈 왼쪽에서 본 모양 〉

다음의 조각을 사용하여 연결큐브 빌딩을 만들고, 각 방향에서 본 모양을 그려보세요.

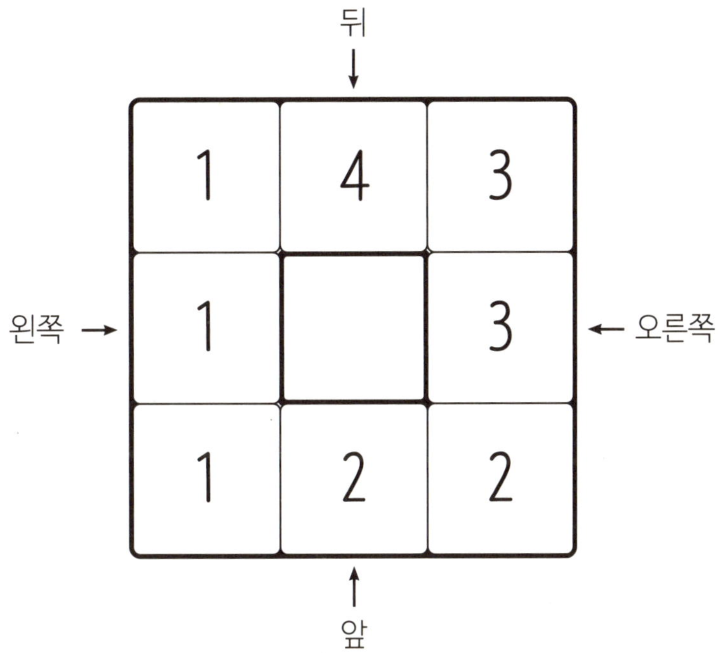

빌딩을 완성하고 앞, 뒤, 오른쪽, 왼쪽에서 본 모양을 색칠해 보세요.

〈 앞에서 본 모양 〉 〈 뒤에서 본 모양 〉 〈 오른쪽에서 본 모양 〉 〈 왼쪽에서 본 모양 〉

정답 제시된 방법 외에 다양한 답이 나올 수 있습니다.

p.6

1. 연결큐브 구성 알기

자료와 가능성

같은 색을 찾아 올려놓아 보세요.

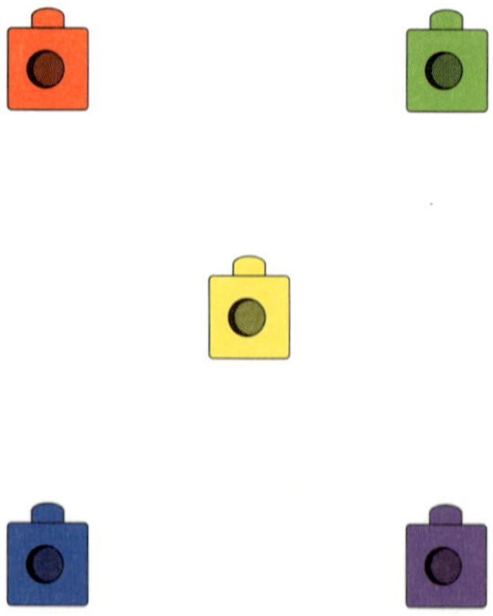

모두 몇 가지 색인가요? 5 가지

각 색깔은 몇 개씩인가요? 10 개씩

6 조이매쓰에듀 CHALLENGE STEP 2

p.7

교구탐색

화살표 방향으로 연결큐브를 연결해 보세요.

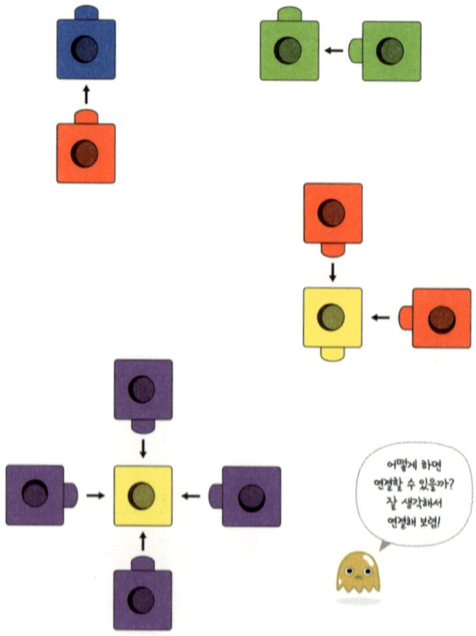

연결큐브 7

p.8

2. 조건에 맞게 놓기 1

수와 연산

주어진 연결큐브를 사용하여 조건에 맞도록 연결해 보세요.

1. 빨간색은 왼쪽에서 둘째입니다.
2. 가장 왼쪽에 있는 색은 연두색입니다.

왼쪽에서 셋째는 노란 색입니다.

8 조이매쓰에듀 CHALLENGE STEP 2

p.9

순서

주어진 연결큐브를 사용하여 조건에 맞도록 연결해 보세요.

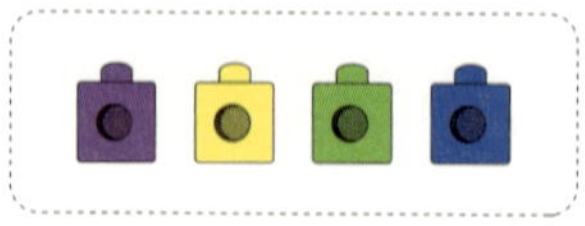

1. 보라색은 왼쪽에서 넷째입니다.
2. 파란색은 왼쪽에서 둘째입니다.
3. 노란색은 왼쪽에서 첫째가 아닙니다.

왼쪽에서 첫째는 연두 색입니다.

연결큐브 9

제시된 방법 외에 다양한 답이 나올 수 있습니다.

p.10

3. 평면 모양 만들기 1

도형

다음과 같이 큐브를 4개 연결한 것을 테트로미노라고 합니다. 테트로미노로 다음 모양을 만들어 보고, 사용한 조각의 개수를 써보세요.

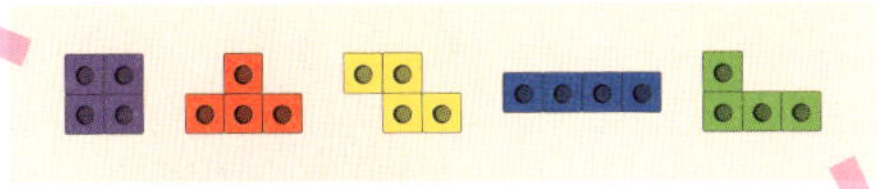

2 조각

2 조각

티칭 가이드 튀어나온 곳을 위로 향하게 하면 모양 맞출 때 수월합니다.

p.11

합동

다음과 같이 큐브를 4개 연결한 것을 테트로미노라고 합니다. 테트로미노로 다음 모양을 만들어 보고, 사용한 조각의 개수를 써보세요.

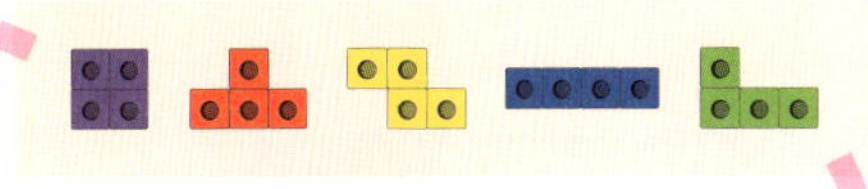

3 조각

3 조각

p.12

4. 선대칭모양

도형

다음 조각을 두 개씩 만들어서 가운데 선을 중심으로 선대칭 모양을 만들어 보세요.

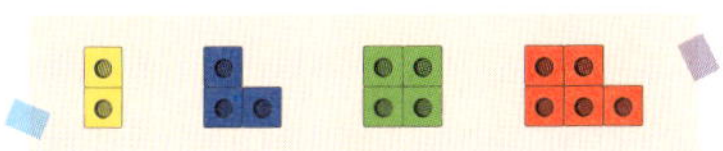

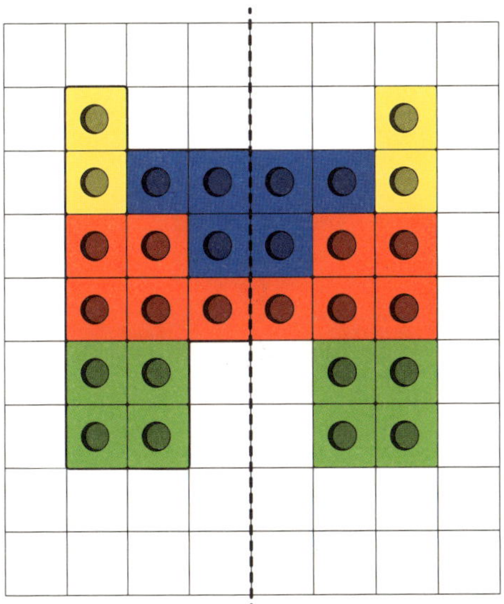

p.13

선대칭모양

다음 조각을 두 개씩 만들어서 가운데 선을 중심으로 선대칭 모양을 만들어 보세요.

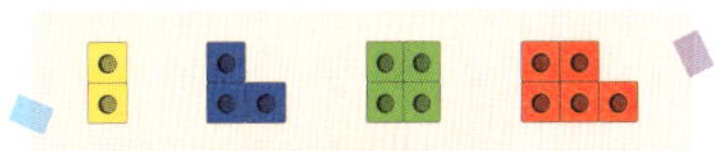

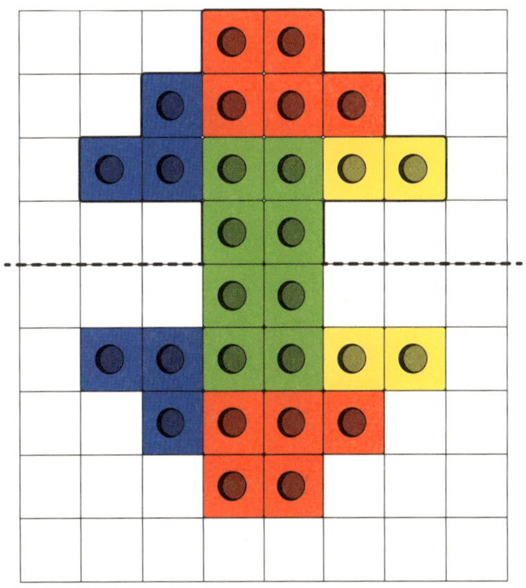

정답 제시된 방법 외에 다양한 답이 나올 수 있습니다.

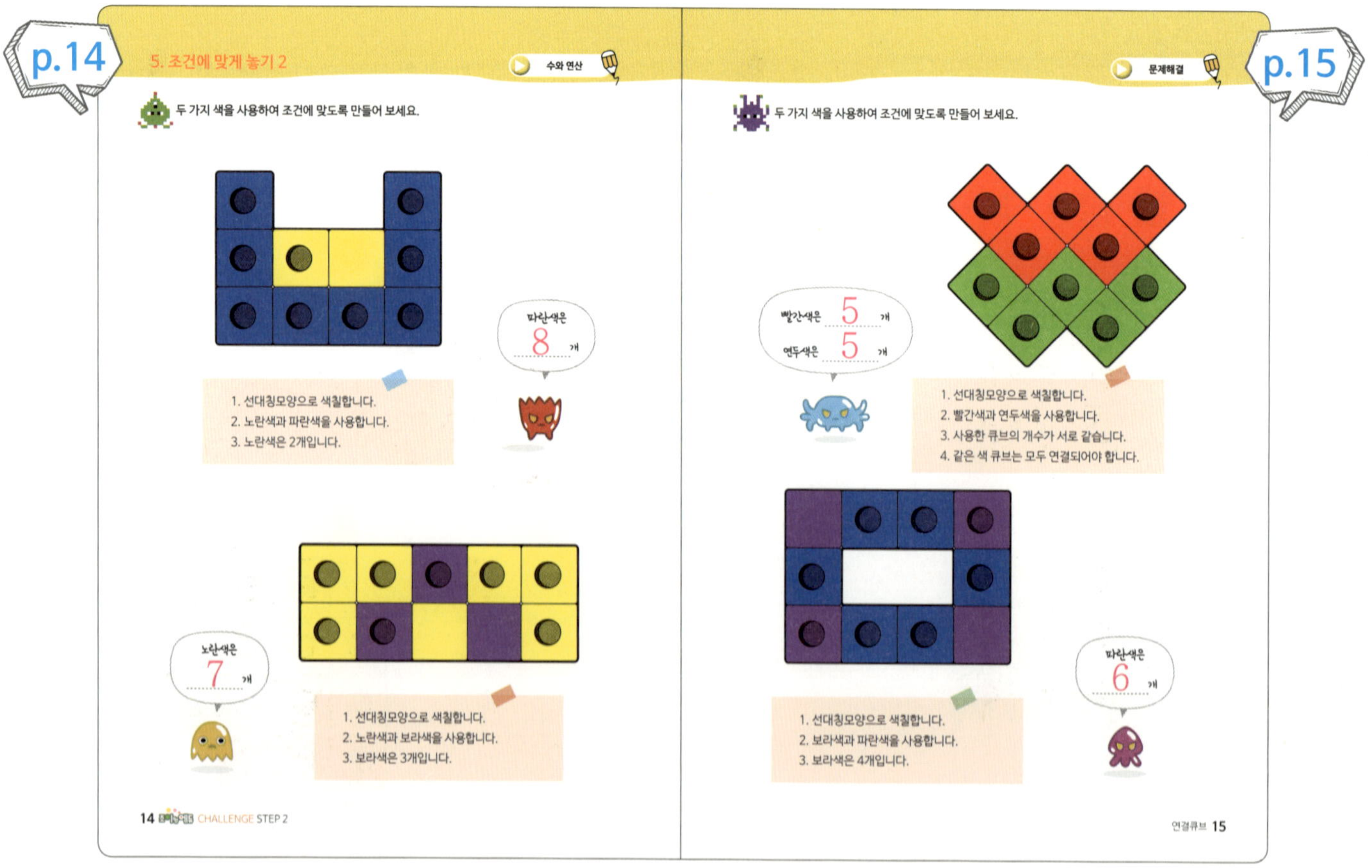

p.14

5. 조건에 맞게 놓기 2 · 수와 연산

두 가지 색을 사용하여 조건에 맞도록 만들어 보세요.

1. 선대칭모양으로 색칠합니다.
2. 노란색과 파란색을 사용합니다.
3. 노란색은 2개입니다.

1. 선대칭모양으로 색칠합니다.
2. 노란색과 보라색을 사용합니다.
3. 보라색은 3개입니다.

p.15

문제해결

두 가지 색을 사용하여 조건에 맞도록 만들어 보세요.

1. 선대칭모양으로 색칠합니다.
2. 빨간색과 연두색을 사용합니다.
3. 사용한 큐브의 개수가 서로 같습니다.
4. 같은 색 큐브는 모두 연결되어야 합니다.

1. 선대칭모양으로 색칠합니다.
2. 보라색과 파란색을 사용합니다.
3. 보라색은 4개입니다.

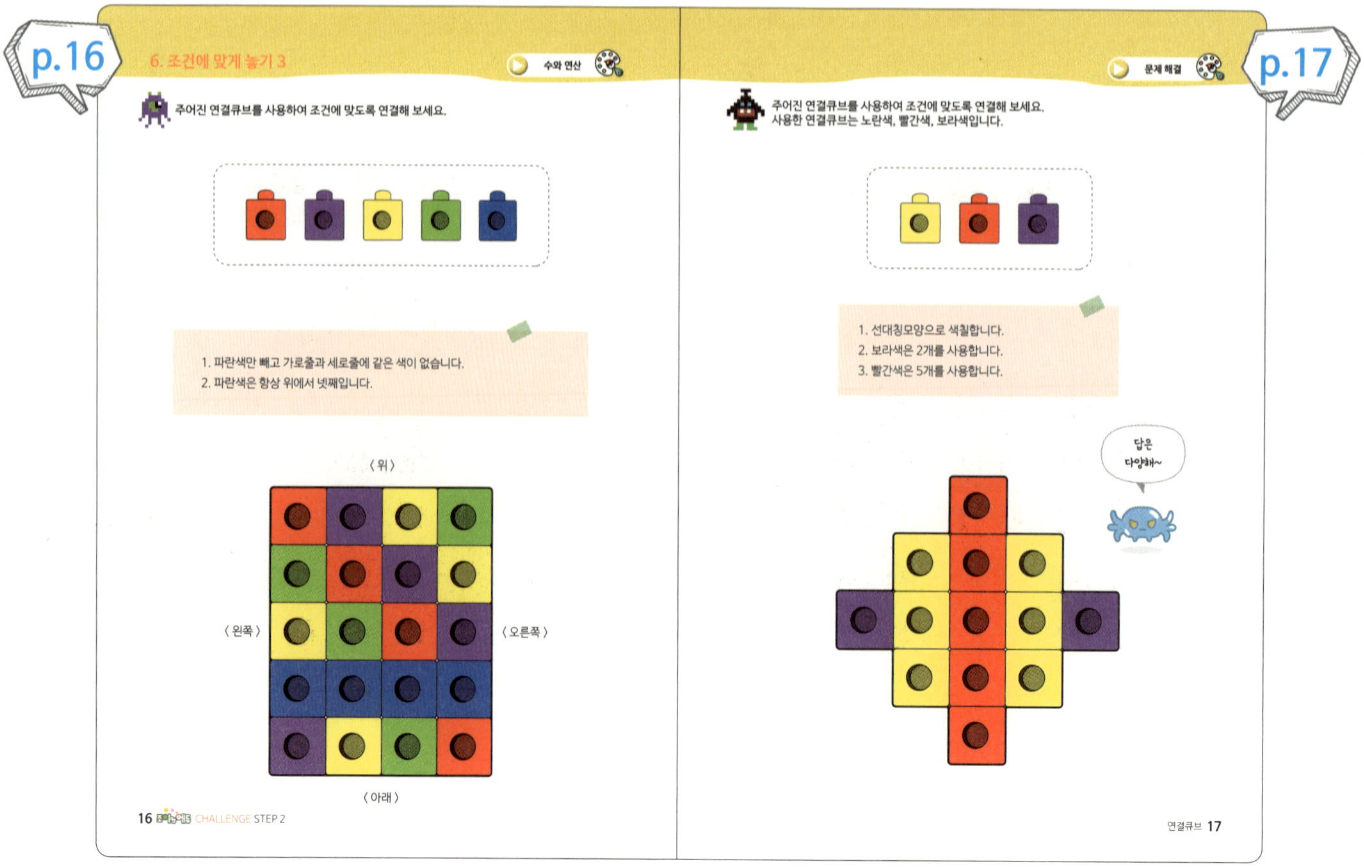

p.16

6. 조건에 맞게 놓기 3 · 수와 연산

주어진 연결큐브를 사용하여 조건에 맞도록 연결해 보세요.

1. 파란색만 빼고 가로줄과 세로줄에 같은 색이 없습니다.
2. 파란색은 항상 위에서 넷째입니다.

p.17

문제해결

주어진 연결큐브를 사용하여 조건에 맞도록 연결해 보세요.
사용한 연결큐브는 노란색, 빨간색, 보라색입니다.

1. 선대칭모양으로 색칠합니다.
2. 보라색은 2개를 사용합니다.
3. 빨간색은 5개를 사용합니다.

제시된 방법 외에 다양한 답이 나올 수 있습니다.

p.18

7. 길 연결하기 1

측정

노란 몬스터가 파란 몬스터를 만나러 가는 길을 연결큐브로 만들려고 합니다. 연결큐브 1개를 1단위라고 할 때 주어진 조건대로 만들어 보세요.

6단위

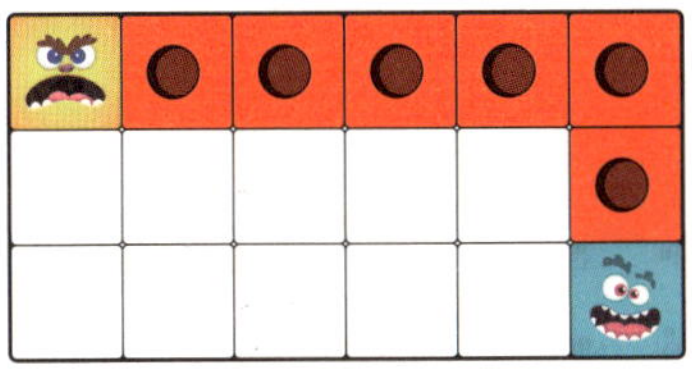

10단위

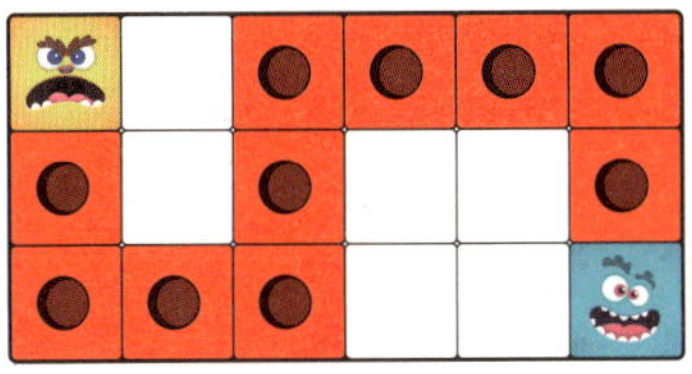

티칭 가이드 큐브는 가로 또는 세로로만 연결 되어야 합니다.  → (O)  → (X)

p.19

길 만들기

노란 몬스터가 빨간 몬스터를 만나러 가는 가장 짧은 길은 7단위가 필요합니다.
11단위를 이용해 가려면 어떻게 연결해야 하는지 만들어 보세요.

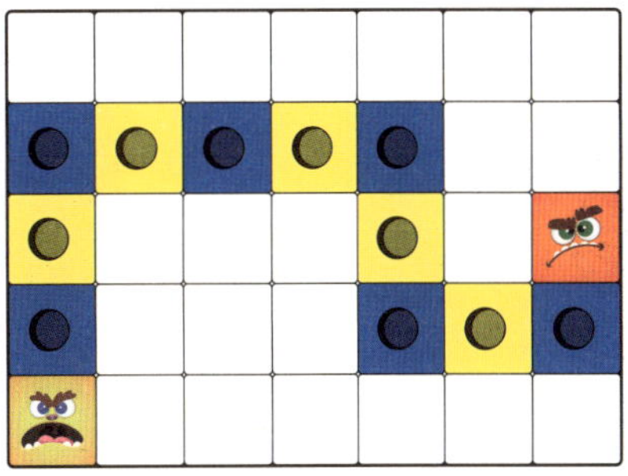

p.20

8. 조건에 맞게 놓기 4

문제해결

조건에 맞도록 연결큐브를 연결해 보세요.

1. 가로줄은 모두 같은 색입니다.
2. 세로줄에는 같은 색이 없습니다.
3. 연두색은 4개이며 파란색보다 1개 더 사용합니다.
4. 보라색은 연두색보다 1개 더 사용합니다.
5. 빨간색은 노란색보다 1개 더 사용합니다.

p.21

문제해결

조건에 맞도록 연결큐브를 연결해 보세요.

1. 빨간색은 1개입니다.
2. 색칠한 모양이 대칭입니다.
3. 빨간색을 보라색보다 1개 덜 사용합니다.
4. 노란색을 파란색보다 1개 덜 사용합니다.

정답 제시된 방법 외에 다양한 답이 나올 수 있습니다.

p.22

9. 평면 모양 만들기 2

도형

테트로미노 조각들을 이용하여 다음 모양을 맞춰보세요.

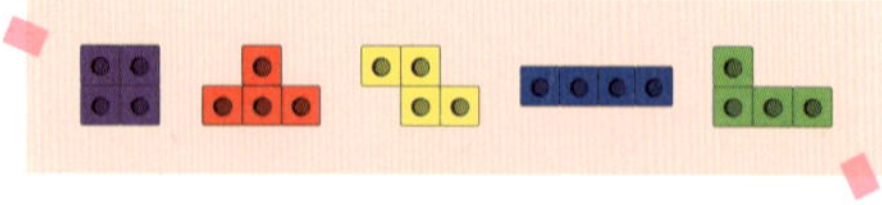

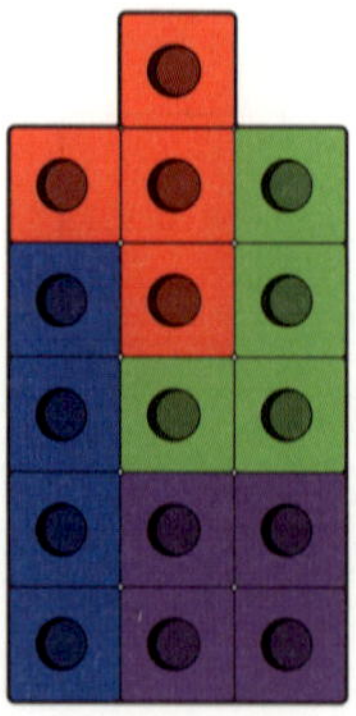

4 조각

4 조각

p.23

합동

테트로미노 조각들을 이용하여 다음 모양을 맞춰보세요.

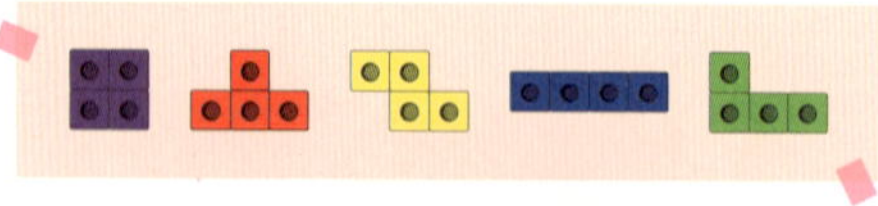

4 조각

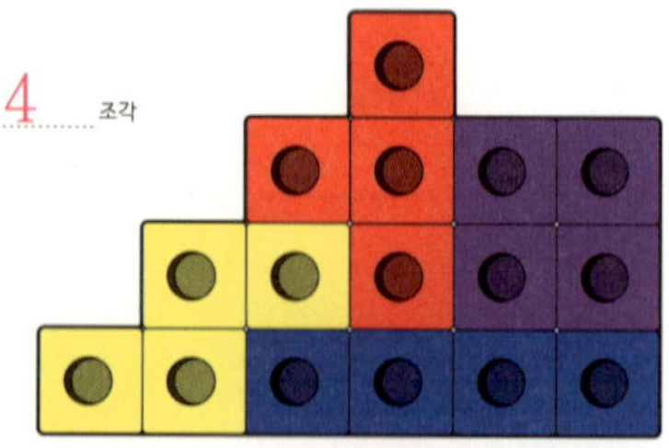

4 조각

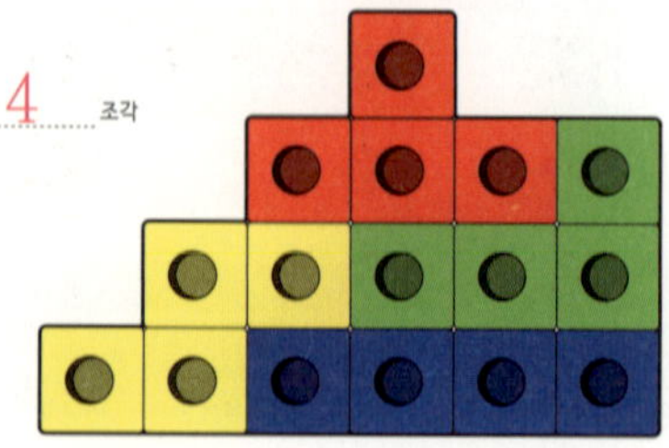

p.24

10. 조건에 맞게 놓기 5

문제해결

조건에 맞도록 연결큐브를 연결해 보세요.

1. 가로줄은 모두 같은 색입니다.
2. 가장 많은 색은 파란색입니다.
3. 보라색은 파란색보다 2개 덜 사용합니다.
4. 노란색은 1개이며, 빨간색보다 2개 덜 사용합니다.

연두색은 몇 개인가요? 5개

p.25

문제해결

조건에 맞도록 연결큐브를 연결해 보세요.

1. 세로줄은 모두 같은 색입니다.
2. 파란색은 노란색보다 2개 더 사용합니다.
3. 보라색은 연두색보다 2개 더 사용합니다.
4. 연두색은 파란색보다 2개 더 사용합니다.

p.26

11. 입체 모양 만들고 색칠하기 1

도형

다음 입체 모양을 만들고 위, 앞, 뒤, 오른쪽, 왼쪽에서 본 모양을 색칠해 보세요.

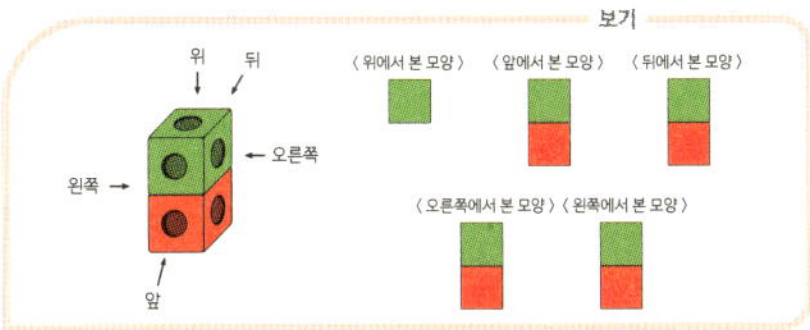

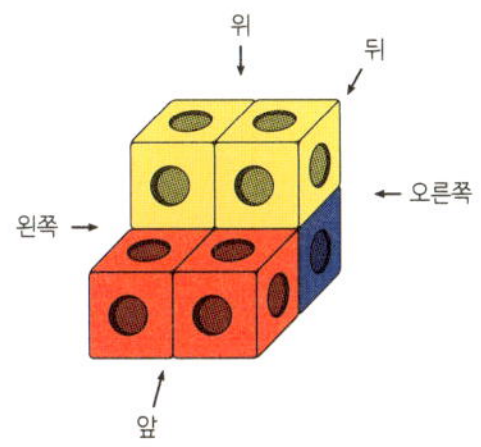

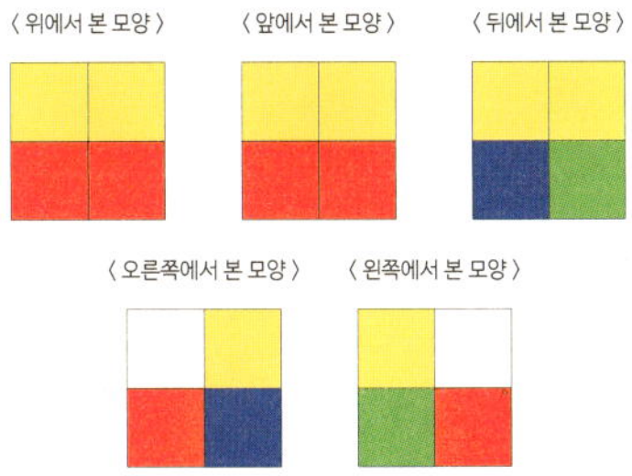

p.27

여러 방향에서 본 모양

다음 입체 모양을 만들고 위, 앞, 뒤, 오른쪽, 왼쪽에서 본 모양을 색칠해 보세요.

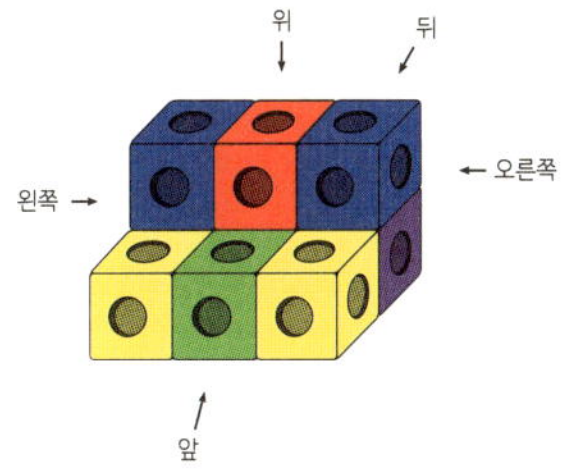

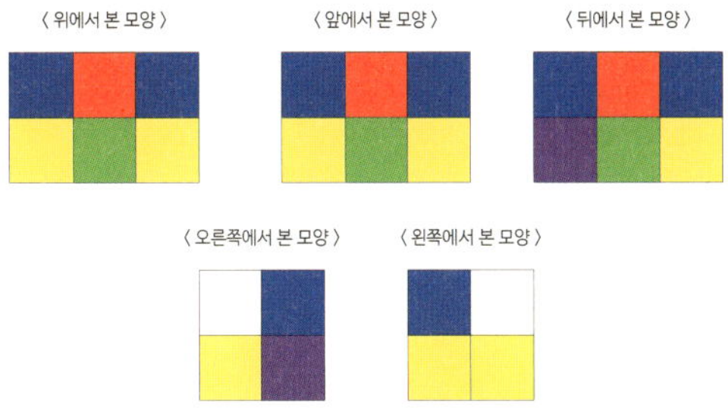

p.28

12. 입체 모양 개수 세기 1

도형

입체 모양을 보고 연결큐브를 사용하여 만들어 보세요. 위에서 보았을 때, 각 위치에서 사용된 연결큐브 개수를 적어보세요.

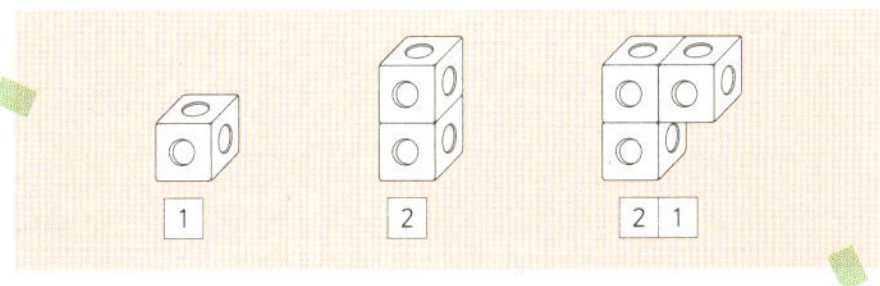

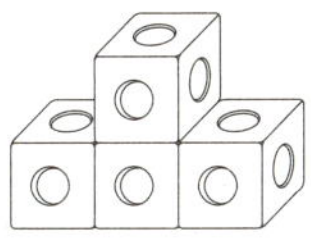

1	2	1

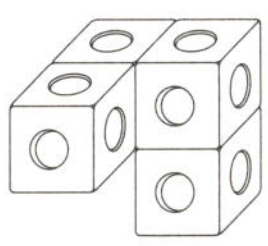

1	2
1	

p.29

입체 모양의 개수

입체 모양을 보고 연결큐브를 사용하여 만들어 보세요. 위에서 보았을 때, 각 위치에서 사용된 연결큐브 개수를 적어보세요.

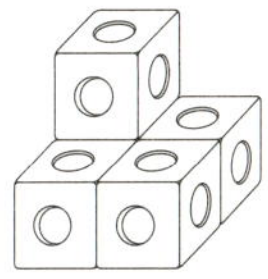

2	1
1	1

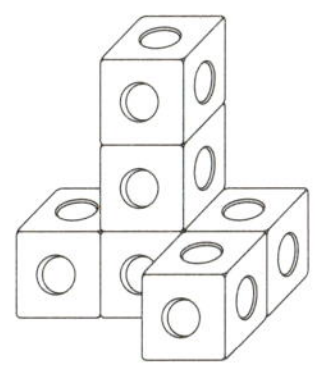

1	3	1
		1

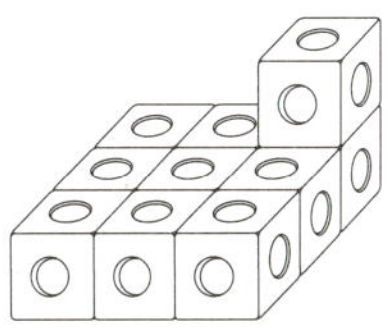

1	1	2
1	1	1
1	1	1

정답 제시된 방법 외에 다양한 답이 나올 수 있습니다.

p.30

13. 입체 모양 개수 세기 2

도형

입체 모양을 보고 연결큐브를 사용하여 만들어 보세요. 위에서 보았을 때, 각 위치에서 사용된 연결큐브 개수를 적어보세요.

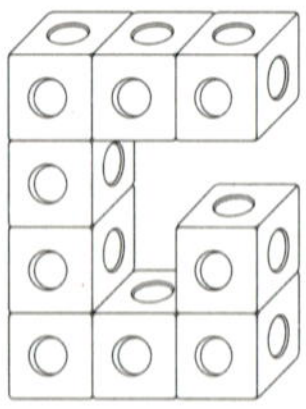

4	2	3

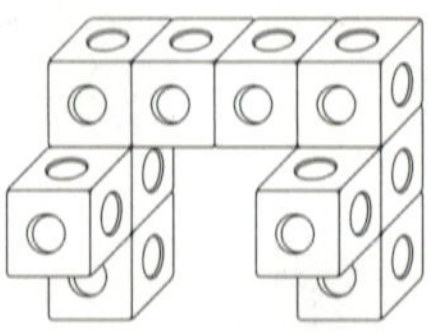

3	1	1	3
1			1

p.31

입체 모양의 개수

입체 모양을 보고 연결큐브를 사용하여 만들어 보세요. 위에서 보았을 때, 각 위치에서 사용된 연결큐브 개수를 적어보세요.

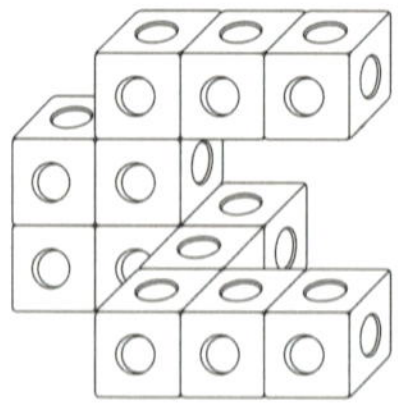

2	3	2	1	
		1		
		1	1	1

1또는2

	1		
	1		1
4	2	2	2

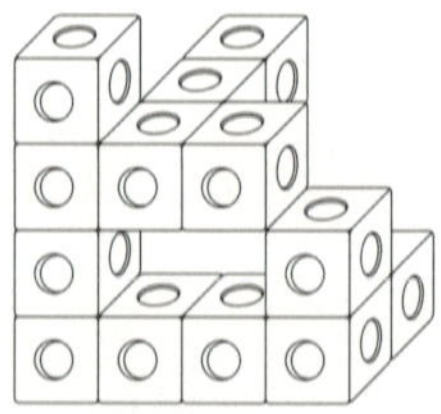

p.32

14. 길 연결하기 2

측정

다음 문제를 읽고 주어진 물음에 답하세요.

1. 같은 색 몬스터끼리 연결합니다.
2. 가장 짧은 길을 만들어야 합니다.

연결큐브 1개를 1단위로 할 때, 누구의 길이 더 짧은가요? 보라색 몬스터

p.33

짧은 길찾기

빨간 몬스터가 몬스터 친구를 만나려고 합니다. 가장 가까이에 있는 친구는 누구인가요?

노란색 몬스터

제시된 방법 외에 다양한 답이 나올 수 있습니다.

p.34

15. 길 연결하기 3

측정

파란 몬스터가 보라 몬스터에게 가려고 합니다. 21단위를 사용해 도착하도록 큐브를 연결해 보세요.

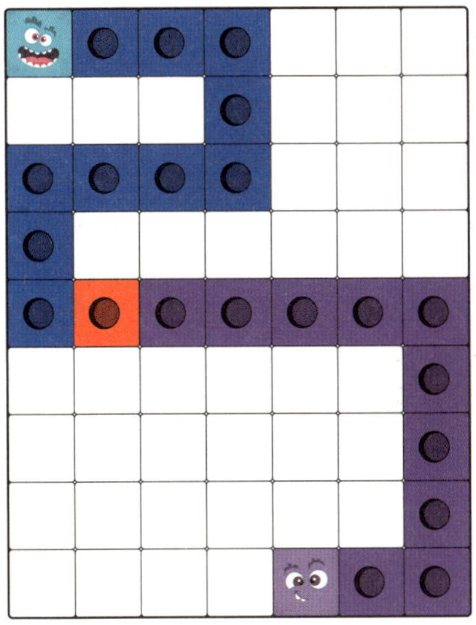

34 CHALLENGE STEP 2

p.35

길 만들기

보라 몬스터가 노란 몬스터에게 가려고 합니다. 24단위를 사용해 도착하도록 큐브를 연결해 보세요.

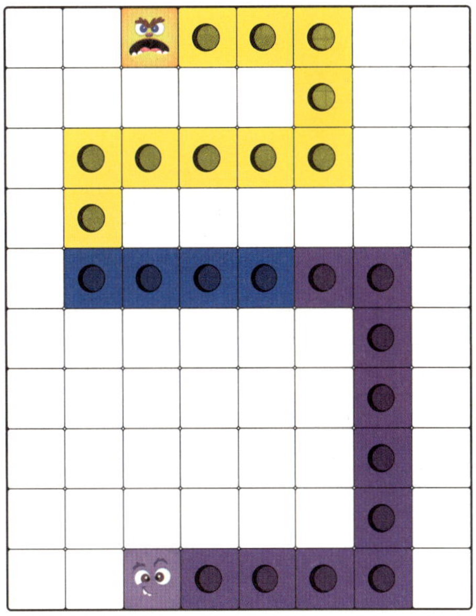

연결큐브 35

p.36

16. 연결큐브 돌리기 1

도형

다음은 순서대로 연결큐브를 끼우고 돌리는 활동입니다. 주어진 물음에 답하세요.

보기

(가) (나) (다)

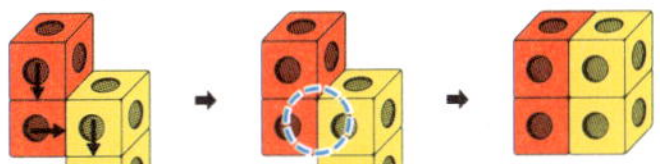

(가) 큐브의 방향을 잘 살펴서 끼웁니다.
(나) ◌ 표시된 부분을 잡고 돌리면 (다) 모양이 됩니다.

왼쪽 모양을 만들고, 한 번 돌려서 오른쪽 모양이 되려면 어디를 돌리면 되는지 ○ 하세요.

1)

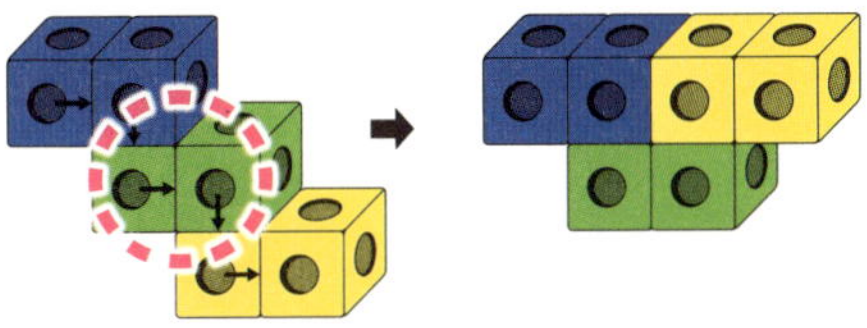

36 CHALLENGE STEP 2

p.37

모양 돌리기

왼쪽 모양을 만들고, 한 번 돌려서 오른쪽 모양이 되려면 어디를 돌리면 되는지 ○ 하세요.

2)

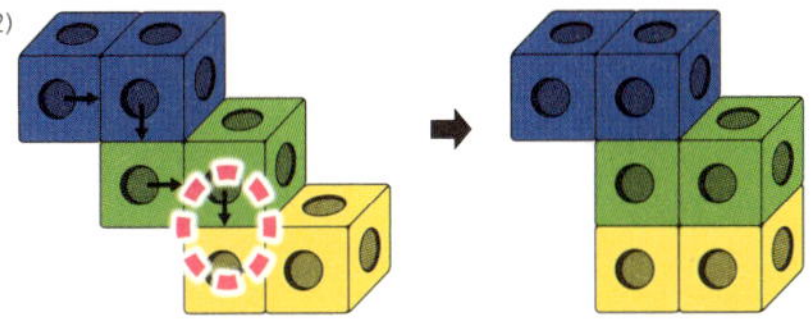

3)

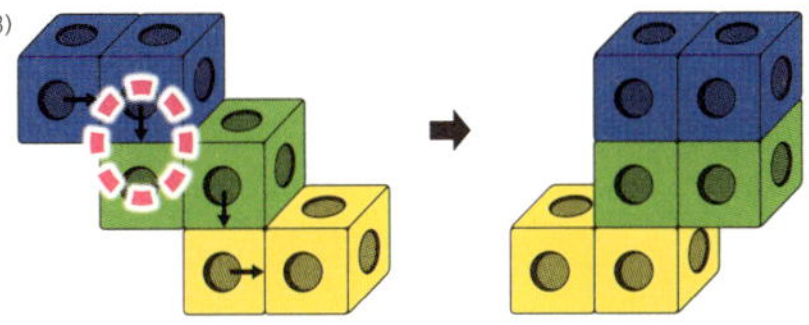

4)

연결큐브 37

정답 제시된 방법 외에 다양한 답이 나올 수 있습니다.

p.38

17. 연결큐브 돌리기 2

도형

상자 안의 모양을 만든 후 연결큐브를 돌려서 차례대로 모양을 변신해 보세요.

38 조이앤에듀 CHALLENGE STEP 2

p.39

모양 돌리기

상자 안의 모양을 만든 후 연결큐브를 돌려서 차례대로 모양을 변신해 보세요.

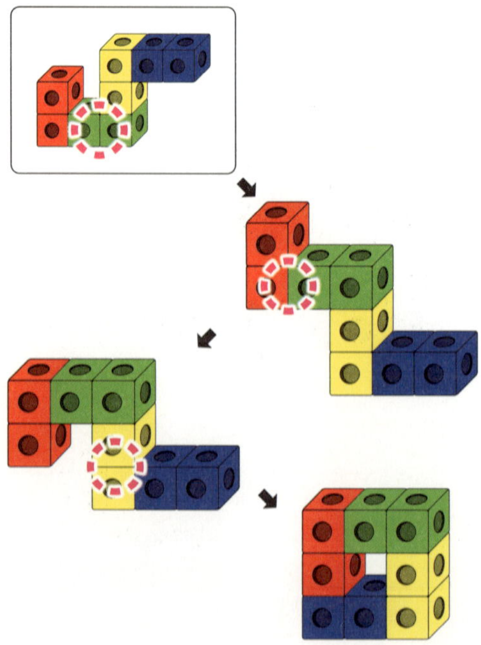

연결큐브 39

p.40

18. 입체 모양 개수 세기 3

도형

연결큐브로 다음 모양을 만들려고 합니다. 각 조건에 맞게 입체 모양을 만들고 위에서 본 모양에 사용한 개수를 적어보세요.

연결큐브를 가능한 한 적게 사용하기

1	2
1	1

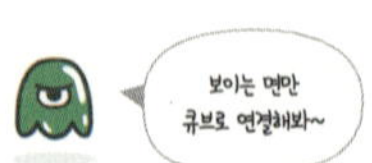

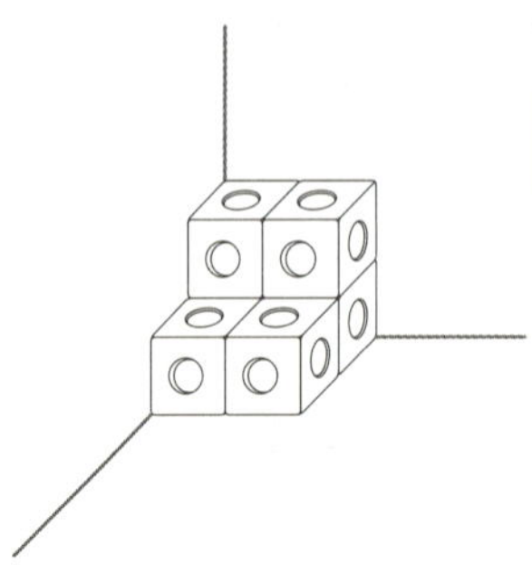

연결큐브를 가능한 한 많이 사용하기

2	2
1	1

40 조이앤에듀 CHALLENGE STEP 2

p.41

도형

연결큐브로 다음 모양을 만들려고 합니다. 각 조건에 맞게 입체 모양을 만들고 위에서 본 모양에 사용한 개수를 적어보세요.

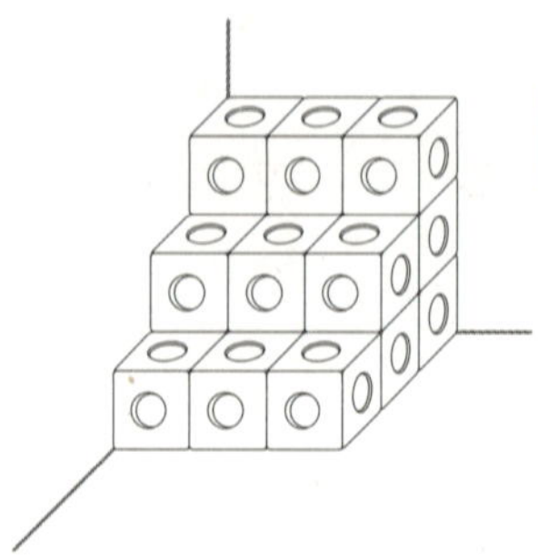

연결큐브를 가능한 한 적게 사용하기

1	1	3
1	1	2
1	1	1

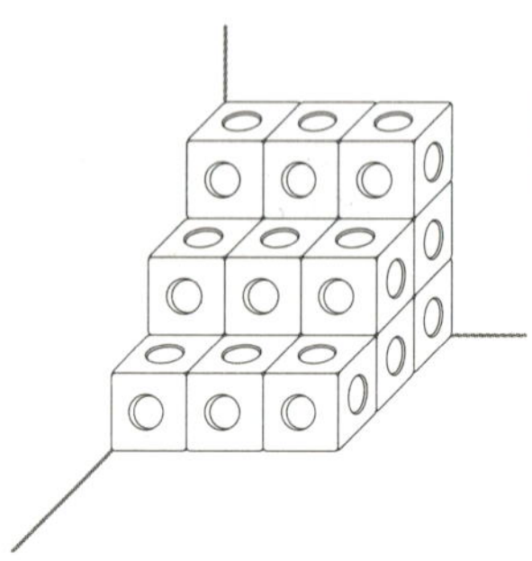

연결큐브를 가능한 한 많이 사용하기

3	3	3
2	2	2
1	1	1

연결큐브 41

p.42

19. 입체 모양 만들고 색칠하기 2

도형

연결큐브 13개로 다음 입체 모양을 만들고 위, 앞, 뒤, 오른쪽, 왼쪽에서 본 모양을 색칠해 보세요.

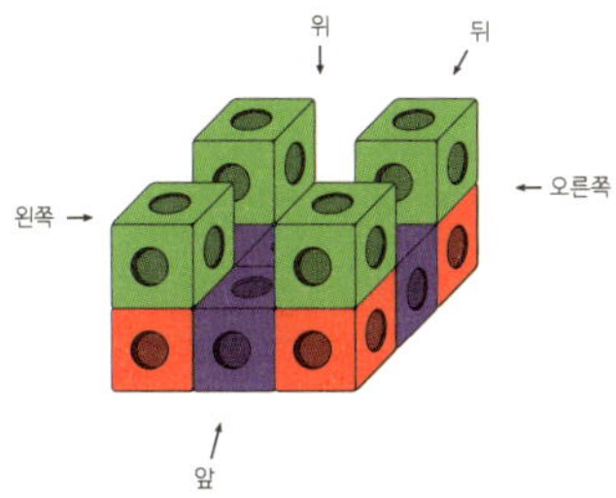

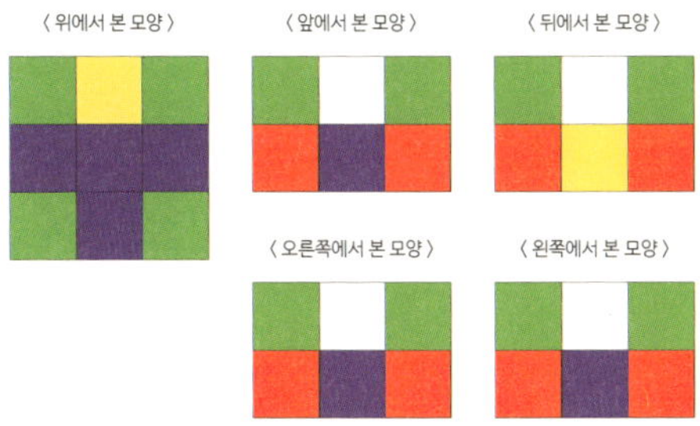

p.43

여러 방향에서 본 모양

연결큐브 9개로 다음 입체 모양을 만들고 위, 앞, 뒤, 오른쪽, 왼쪽에서 본 모양을 색칠해 보세요.

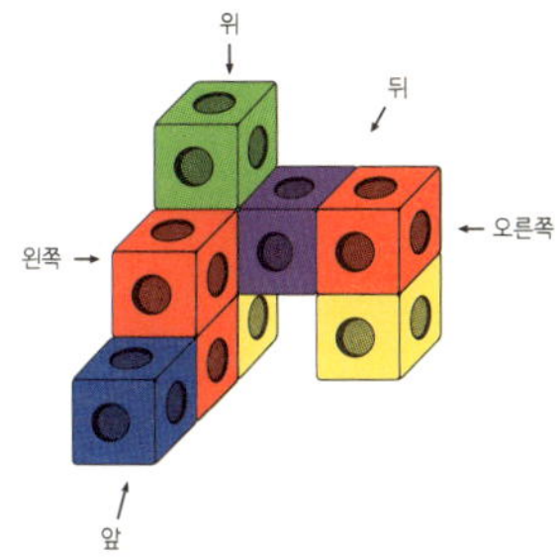

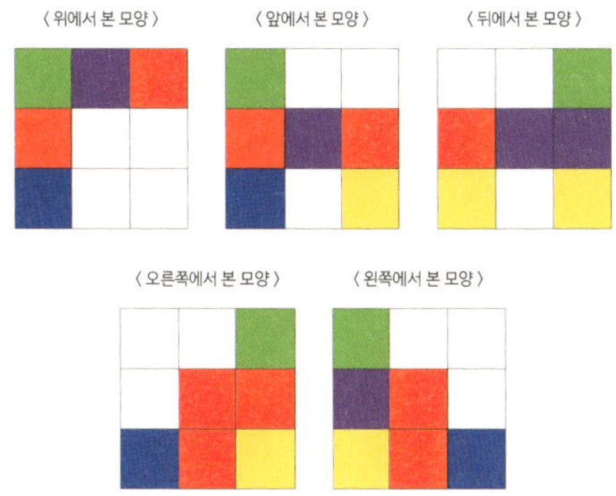

p.44

20. 연결큐브 빌딩

도형

다음의 조각을 사용하여 연결큐브 빌딩을 만들고, 각 방향에서 본 모양을 그려보세요.

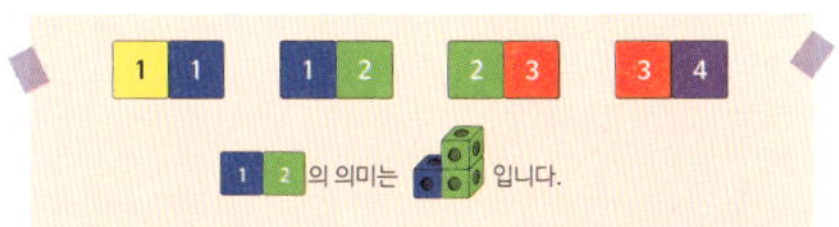

노랑과 파랑의 위치가 바뀌어도 답이 됩니다.

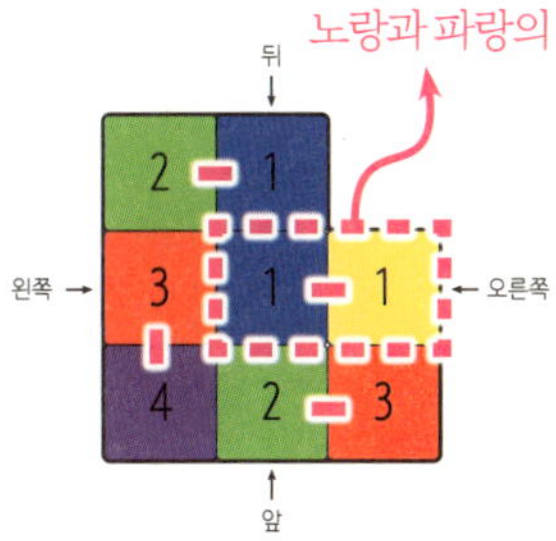

빌딩을 완성하고 앞, 뒤, 오른쪽, 왼쪽에서 본 모양을 색칠해 보세요.

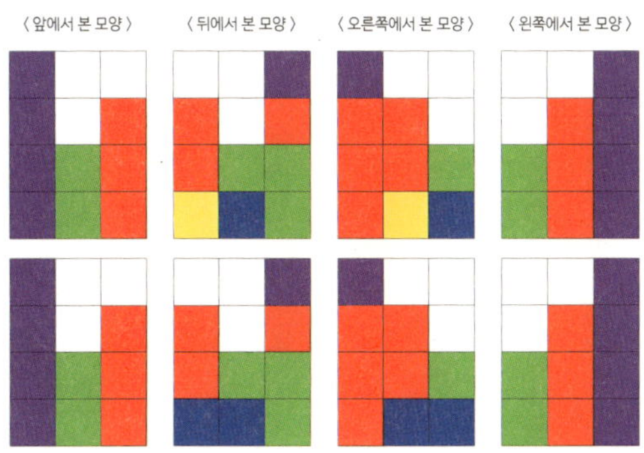

p.45

여러 방향에서 본 모양

다음의 조각을 사용하여 연결큐브 빌딩을 만들고, 각 방향에서 본 모양을 그려보세요.

노랑과 파랑의 위치가 바뀌어도 답이 됩니다.

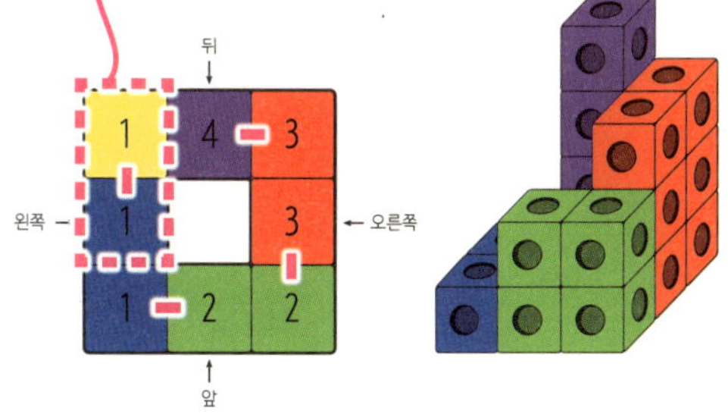

빌딩을 완성하고 앞, 뒤, 오른쪽, 왼쪽에서 본 모양을 색칠해 보세요.

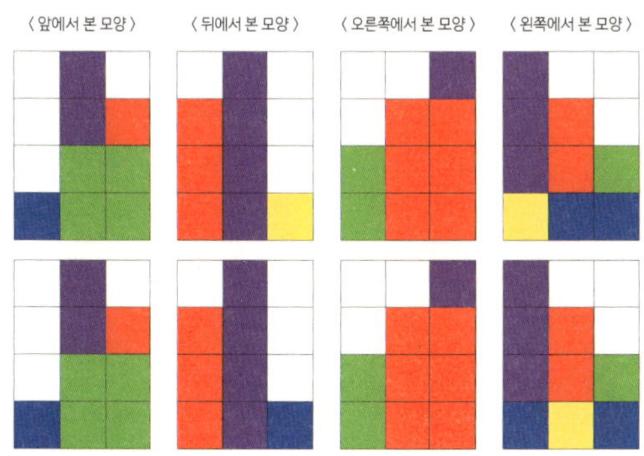

MEMO